Q&Aでわかる
地価公示の見方・活かし方

公益社団法人日本不動産鑑定士協会連合会 [編]

中央経済社

はじめに

　地価公示制度は，日本の高度成長期の地価高騰を背景に，適正な地価の形成に寄与することを目的として昭和44年に創設され，地価公示法（昭和44年法律第49号）が制定されました。そして，同制度は翌45年1月1日を価格の基準時点とする標準地の正常な価格を公示した第1回から数え，本年3月に公表されました平成31年地価公示（1月1日時点の価格の公示）において，第50回の記念すべき節目を迎えました。

　地価公示価格を公表するまでには，全国を167の分科会に分けて，2,408名の鑑定評価員（不動産鑑定士）が，全国26,000地点の標準地の点検，事例資料等の収集・作成，分科会における総合的分析・検討，鑑定評価書の作成などに多くの時間と労力を費やし，さらに標準地1地点につき2名の鑑定評価員が提出する鑑定評価書を基にして，最終的には国土交通省の土地鑑定委員会での正常な価格の判定といったプロセスを経ています（平成31年地価公示の実績による）。

　このような膨大な作業によって公表されている地価公示価格は，一般の土地の取引価格に対する指標としてだけではなく，公共用地取得の補償額算定，土地の固定資産税・相続税の課税基礎等のための評価に活用されています。また，不動産の鑑定評価においては地価公示価格を規準とすることが必須であることから，J-REITなどの投資用不動産の価値判断や企業会計などにおいても地価公示価格が重要な役割を果たしています。

　このように，地価公示価格は国民生活や経済活動にとって不可欠な指標となっていますが，地価公示制度の果たしている社会的な役割の重要性について，世間では十分に理解されていないのではないかと危惧しています。これまで「地価公示」をテーマとして出版された書籍を書店で目にすることはほとんどありませんでした。不動産に関する書籍のなかで，部分的に

「地価公示」に触れているものはあります。また，インターネットでは不動産業者のホームページなどで「地価公示」についての簡単な解説が散見されますが，きちんと体系的に地価公示制度を説明しているものは見あたりません。

　そこで，公益社団法人日本不動産鑑定士協会連合会では，「地価公示制度50周年記念事業」を契機として，一般の方に理解されることを最大の目的として，地価公示制度に関する分かりやすい書籍を出版します。

　これまで「地価公示」という言葉を耳にしたことがあるけれども，内容については良く知らなかった方などに，この書籍によって地価公示制度の理解を深めていただければ幸いです。

令和元年10月

公益社団法人日本不動産鑑定士協会連合会

会長　　吉村　真行

目　次

はじめに

CHAPTER 1
そうだったのか！　土地の価格————————————1

Q1　土地の価格はどう決まる？・2

Q2　「地価公示価格」ってなに？・4

Q3　「地価調査価格（基準地価）」ってなに？・12

Q4　「相続税路線価」ってなに？・14

Q5　「固定資産税評価額」ってなに？・16

Q6　時価とそれぞれの価格の関係は？・20

Column　土地の所有の歴史・21

　　　　　土地の売買の変遷・22

CHAPTER 2
そうだったのか！　地価公示制度————————23

Q7　いつ地価公示制度が誕生したか？・24

Q8　誰が鑑定するの？・26

Q9　不動産鑑定士ってどんな資格？・28

Q10　評価の流れって？・30

Q11　評価の手法って？・34

Q12　地価公示価格を決定してるのは誰？・38

Q13　公示する地点は毎年同じ？・40

Q14　公表の手法は？・41

Q15　もしも世のなかに地価公示制度がなかったら？・44

Column　不動産に関する資格・27

　　　　　不動産鑑定士は大忙し！・33

　　　　　不動産鑑定士の仕事と報酬・39

CHAPTER 3
そうだったのか！　地価公示の見方・活かし方── 47

Q16　「土地総合情報システム」はどう使う？・48

Q17　その他便利なサイトは？・52

Q18　地価公示価格と土地取引の価格の関係は？・54

Q19　地価公示価格と鑑定評価額の関係は？・58

Q20　地価公示情報のオープンデータ化って？・62

Q21　鑑定評価書の見方を教えて！・64

Q22　地価LOOKレポートって？・71

Column　一番古い公的な土地価格指標・57

CHAPTER 4
そうだったのか！　専門家の地価公示の活かし方── 77

Q23　税理士は地価公示データをどう使う？・78

Q24　公認会計士は地価公示データをどう使う？・83

Q25　弁護士は地価公示データをどう使う？・88

Q26　市区町村は地価公示データをどう使う？・92

Q27　不動産鑑定士は地価公示データをどう使う？・96

Column　不動産鑑定士の勤務先・95

　　　　　不動産鑑定士の年収・99

目　次

CHAPTER 5
考えてみよう！　将来の地価 ———— 101

- Q28　50年で地価はどう変わった？・102
- Q29　最近の地価変動のトピックとは？・106
- Q30　震災や災害の影響って？・110
- Q31　地価予測は可能か？・114
- Q32　地価公示の未来って？・118
- Column　不動の銀座・121

巻末付録　地価公示に関する用語集・123

公益社団法人東京都不動産鑑定士協会　公式キャラクター
公益社団法人日本不動産鑑定士協会連合会　公認キャラクター

CHAPTER 1

そうだったのか！
土地の価格

不動産の価格は1物4価あるいは5価ともいわれ，ひとつではありません。

 土地の価格はどう決まる？

　不動産は1物4価あるいは5価といわれるように，いくつかの価格があります。地価公示価格（地価調査価格），相続税路線価，固定資産税評価額，そして，いわゆる時価があり，それぞれ利用される目的が異なります。

◆一生の買い物ですから……

　みなさんは土地を買ったことがありますか？　あるいは，土地を誰かに売ったことがありますか？
　一般的に土地は高額です。普通の人が一生のなかで土地付きのマイホームを売買するというのは，せいぜい数回しかないでしょう。大げさに言えば人生を賭けた一生の買い物ですから，その価格には慎重にならざるを得ません。それにもかかわらず，土地の価格というのは素人にはわかりづらいものです。

◆土地の価格は常に変動，同じ土地は2つとない

　土地の価格は常に一定のものではなく，変動しています。
　また，土地の場合は，この世の中に全く同じものは2つとして存在しません。つまり，すべての土地がそれぞれの個性を持っていて，それに伴って価格も違ってくるのです。古い話になりますが，昭和30年代には高度経済成長による地価高騰，40年代には日本列島改造論を契機とする地価高騰がありました。また，平成の初め頃には，「バブル経済」が発生して地価高騰が世間を騒がせました。いずれも上昇した地価は儚くも下落し，そし

てまた上昇を繰り返しています。

　なんとも土地の価格とは不思議なものです。まさに諸行無常。その時代の経済状況などを反映して絶えず変動しているのです。

　それでは，土地の価格はどう決まるのか？

　結論を先に言ってしまえば，お互いが納得して売買した価格こそが真の土地の価格です。不動産屋さんの言い値に相手方が納得してハンコを押すのであれば，それがその土地の価格なのです。

　しかし，人生のうちに数回あるかないかの買い物……本当の土地の価格が知りたいですよね？　土地の価格を知るには以下の方法があります。

▓土地の価格を知る方法▓

１．公表されている価格（地価公示価格）などをもとにざっくり知る

時価　　地価公示価格　　路線価　　固定資産税評価額

路線価：地価公示価格の80%目安
固定資産税評価額：地価公示価格の70%目安

２．不動産鑑定士に依頼して鑑定してもらう

例えば不動産鑑定評価はこんな時に活躍します
①不動産を賃貸借するとき
②不動産を担保にするとき
③相続などで適正な価格が必要なとき
④資産評価をするとき
⑤不動産を売買（交換）するとき
⑥共同ビルの権利調整や再開発関連

 「地価公示価格」ってなに？

 国土交通省が毎年発表する土地の適正価格のことです。「地価公示法」という法律に則り、国が毎年3月に公表している、その年の1月1日時点における全国の標準地の土地価格です。

地価公示価格を略して、公示地価、地価公示、公示価格等さまざまに呼ばれます（以下、本書において登場するこれらの用語は、全て同じものとお考え下さい）。

◆いわゆる1物4価の大元です

前述のとおり、不動産の価格は1物4価、あるいは5価とも呼ばれます。どれが正しいのかと聞かれれば、答えはいずれも正しいということになります。じつは、この4価の大元が公示地価です。

◆3月下旬に耳にする「公示地価」というワードは…

新聞やテレビのニュースなどで、公示地価というワードを耳にしたことはありませんか？ 毎年3月下旬頃、各新聞の1面に「公示地価〇％上昇（下落）」といった記事が掲載されています。

では、この「公示地価」とはどのようなものでしょうか。地価公示法の第1条の目的には以下のとおりに規定されています。

4

■地価公示法第1条（目的）■

> 第1条　この法律は，都市及びその周辺の地域等において，標準地を選定し，その正常な価格を公示することにより，一般の土地の取引価格に対して指標を与え，及び公共の利益となる事業の用に供する土地に対する適正な補償金の額の算定等に資し，もって適正な地価の形成に寄与することを目的とする。

◆地価公示価格とは，国のお墨付きの指標

　法の目的からもわかるように，地価公示価格とは，土地を取引する際に参考にしたり，役所が相続税評価や固定資産税評価をする際の目安として活用したり，金融機関が担保評価の際の目安に使ったり，企業が保有する土地の時価評価の基準・指標としても活用される，「国のお墨付きの指標」といえます。そして，この地価公示価格のことを新聞，テレビでは「公示価格」と言っているのです。

　ちなみに，この制度が始まってから，かれこれ50年が過ぎようとしています。

■制度インフラとしての地価公示■

◆平成31年地価公示

　実際に地価公示がどのようなものであるかを理解するために，直近の平成31年地価公示の結果を見てみましょう。「平成31年地価公示」は平成31年1月1日を価格時点として，全国26,000地点（うち，福島第一原子力発電所事故の影響による7地点は調査を休止しました）の標準地の1㎡あたりの土地価格を平成31年3月下旬に公表しました。

　その結果，全国26,000地点の標準地のうち，1㎡あたりの地価と対前年（この1年間）の地価上昇率の高い順に並べると次の表のとおりになります。

◆全国の高価格の標準地のランキング

　最も高額だった標準地は，住宅地が東京都港区赤坂の1㎡あたり4,340,000円でした。1坪あたり1,400万円ですから，庶民には到底手の届かない水準です。また，商業地は銀座4丁目の山野楽器店が1㎡あたり57,200,000円でした。銀座4丁目が日本一地価の高い場所なのは，地価公示が始まった50年前から変わっていません。

　また，2位以下のランキングを見てもわかるように，地価が高いのは東京の標準地で占められていることが特徴的です。

■公示価格高順位表（全国）■

（価格：円／㎡，変動率：%）

順位	住宅地					
	標準地番号	都道府県	標準地の所在地	平成30年公示価格 円／㎡	平成31年公示価格 円／㎡	変動率 %
1	港－4	東京都	港区赤坂1丁目1424番1 『赤坂1－14－11』	4,010,000	4,340,000	8.2
2	千代田－3	東京都	千代田区六番町6番1外	3,850,000	3,930,000	2.1

CHAPTER 1　そうだったのか！　土地の価格

3	港－29	東京都	港区白金台3丁目55番4外 『白金台3－16－10』	3,360,000	3,560,000	6.0
4	港－16	東京都	港区南麻布4丁目12番1 『南麻布4－9－34』	－	3,230,000	－
5	千代田－1	東京都	千代田区三番町6番25	2,970,000	3,050,000	2.7
6	港－28	東京都	港区南麻布1丁目35番1外 『南麻布1－5－11』	2,810,000	2,990,000	6.4
7	千代田－7	東京都	千代田区一番町16番3	2,900,000	2,960,000	2.1
8	千代田－5	東京都	千代田区九段北2丁目6番26 『九段北2－3－25』	2,800,000	2,870,000	2.5
9	港－1	東京都	港区赤坂6丁目1911番 『赤坂6－19－23』	2,410,000	2,570,000	6.6
10	千代田－6	東京都	千代田区平河町2丁目2番23 『平河町2－4－13』	2,460,000	2,540,000	3.3

（価格：円／㎡，変動率：%）

順位	商業地					
	標準地番号	都道府県	標準地の所在地	平成30年 公示価格 円／㎡	平成31年 公示価格 円／㎡	変動率 %
1	中央5－22	東京都	中央区銀座4丁目2番4 『銀座4－5－6』 （山野楽器銀座本店）	55,500,000	57,200,000	3.1
2	中央5－41	東京都	中央区銀座5丁目103番16 『銀座5－4－3』 （対鶴館ビル）	47,000,000	49,100,000	4.5
3	中央5－29	東京都	中央区銀座2丁目2番19外 『銀座2－6－7』 （明治屋銀座ビル）	40,600,000	42,600,000	4.9
4	中央5－23	東京都	中央区銀座7丁目1番2外 『銀座7－9－19』 （ZARA）	40,100,000	42,000,000	4.7
5	千代田5 －2	東京都	千代田区丸の内2丁目2番1外 『丸の内2－4－1』 （丸の内ビルディング）	35,700,000	36,800,000	3.1
6	新宿5－35	東京都	新宿区新宿3丁目807番1外 『新宿3－24－1』 （新宿M－SQUARE）	34,000,000	36,000,000	5.9
7	新宿5－24	東京都	新宿区新宿3丁目30番13外 『新宿3－30－11』 （新宿高野第二ビル）	33,200,000	35,200,000	6.0
8	中央5－2	東京都	中央区銀座6丁目4番13外 『銀座6－8－3』 （銀座尾張町TOWER）	29,100,000	31,200,000	7.2

| 9 | 中央5-18 | 東京都 | 中央区銀座4丁目103番1外
『銀座4-2-15』
(塚本素山ビルディング) | 28,100,000 | 29,500,000 | 5.0 |
| 10 | 千代田5-21 | 東京都 | 千代田区大手町2丁目4番2外
『大手町2-2-1』
(新大手町ビルヂング) | 27,500,000 | 28,500,000 | 3.6 |

(出典)　国土交通省ホームページ　平成31年地価公示

◆全国の上昇率の高い標準地のランキング

　この1年間（平成30年1月以降の1年間）で最も地価が上昇した標準地は，住宅地，商業地ともに北海道虻田郡の倶知安町です。少し意外な感じがするかもしれませんが，倶知安町には世界中のスキー客に人気の高い良質なパウダースノーのスキー場があることから，海外からのインバウンド需要が強く，その影響でここ数年地価が上昇しています。この1年間で地価が約1.5倍に上昇している状況です。

　また，2位以下のランキングを見ると，高価格のランキングとは対照的に，東京を除く地域での地価が上昇し，とくに沖縄や京都などの観光地の標準地が目につくのが特徴的です。

■変動率上位順位表（全国）■

(価格：円／㎡，変動率：%)

| 順位 | 住宅地 | | | | | |
	標準地番号	都道府県	標準地の所在地	平成30年 公示価格 円／㎡	平成31年 公示価格 円／㎡	変動率 %
1	倶知安-3	北海道	虻田郡倶知安町字山田83番29	50,000	75,000	50.0
2	倶知安　1	北海道	虻田郡倶知安町北7条西4丁目 1番33	17,000	22,500	32.4
3	那覇-19	沖縄県	那覇市おもろまち3丁目6番 11 『おもろまち3-6-20』	270,000	351,000	30.0
4	倶知安-2	北海道	虻田郡倶知安町南3条東1丁目 16番9外	28,000	36,000	28.6

CHAPTER 1　そうだったのか！　土地の価格

5	名古屋中－5	愛知県	名古屋市中区栄5丁目113番外『栄5－1－20』	571,000	720,000	26.1
6	那覇－3	沖縄県	那覇市天久1丁目7番14外『天久1－7－21』	265,000	330,000	24.5
7	名古屋中－3	愛知県	名古屋市中区上前津2丁目1208番『上前津2－12－9』	420,000	522,000	24.3
8	名古屋東－8	愛知県	名古屋市東区泉1丁目502番『泉1－5－26』	698,000	860,000	23.2
9	名古屋中－4	愛知県	名古屋市中区丸の内3丁目801番『丸の内3－8－1』	650,000	800,000	23.1
10	名古屋中－1	愛知県	名古屋市中区正木1丁目902番1『正木1－9－2』	244,000	300,000	23.0

（価格：円／㎡，変動率：％）

順位	商業地					
	標準地番号	都道府県	標準地の所在地	平成30年公示価格円／㎡	平成31年公示価格円／㎡	変動率％
1	倶知安5－1	北海道	虻田郡倶知安町南1条西1丁目40番1外（三井生命）	40,000	63,500	58.8
2	大阪中央5－24	大阪府	大阪市中央区日本橋1丁目16番4外『日本橋1－21－6』	831,000	1,200,000	44.4
3	大阪北5－16	大阪府	大阪市北区茶屋町20番17『茶屋町12－6』（エスパシオン梅田ビル）	4,030,000	5,810,000	44.2
4	東山5－7	京都府	京都市東山区四条通大和大路東入祇園町北側277番（豊田愛山堂）	1,950,000	2,800,000	43.6
5	大阪北5－13	大阪府	大阪市北区芝田1丁目47番1外『芝田1－4－14』（芝田町ビル）	3,150,000	4,500,000	42.9
6	那覇5－15	沖縄県	那覇市前島3丁目1番8外『前島3－1－15』（大同生命ビル）	323,000	460,000	42.4
7	下京5－17	京都府	京都市下京区七条通間之町東入材木町481番（プルミエール生島）	590,000	823,000	39.5

8	東山5－9	京都府	京都市東山区三条通大橋東入三丁目35番7外 (GOZAN HOTEL)	690,000	959,000	39.0
9	那覇5－14	沖縄県	那覇市久茂地3丁目1番1 『久茂地3－1－1』 (日本生命那覇ビル)	1,010,000	1,400,000	38.6
10	淀川5－8	大阪府	大阪市淀川区宮原3丁目5番7外 『宮原3－5－24』 (新大阪第一生命ビル)	1,230,000	1,700,000	38.2

（出典）　国土交通省ホームページ　平成31年地価公示

◆ 圏域別・用途別対前年変動率

　全国の標準地の価格を圏域別，用途別に集計したのが下表です。住宅地，商業地，工業地のいずれの用途も昨年より上昇率が大きくなり，とくに地

■圏域別・用途別対前年平均変動率■

（変動率：%）

圏域別・ 地域別	住宅地			商業地			工業地		
	平成 30年	平成31年		平成 30年	平成31年		平成 30年	平成31年	
	変動率	変動率	地点数	変動率	変動率	地点数	変動率	変動率	地点数
東京圏	1.0	1.3	4,919	3.7	4.7	1,579	2.3	2.4	220
大阪圏	0.1	0.3	2,507	4.7	6.4	663	1.3	2.0	179
名古屋圏	0.8	1.2	1,286	3.3	4.7	469	0.2	0.6	95
三大都市圏平均	0.7	1.0	8,712	3.9	5.1	2,711	1.5	1.9	494
地方圏 （地方四市）	3.3	4.4	905	7.9	9.4	376	3.3	4.8	41
地方圏 （その他）	△0.5	△0.2	8,429	△0.4	0.0	3,239	△0.1	0.4	490
地方圏平均	△0.1	0.2	9,334	0.5	1.0	3,615	0.2	0.8	531
全国平均	0.3	0.6	18,046	1.9	2.8	6,326	0.8	1.3	1,025

（注）　三大都市圏とは，東京圏，大阪圏，名古屋圏をいう。
　　　　地方圏とは，三大都市圏を除く地域をいう。
　　　　地方圏（地方四市）とは，北海道札幌市，宮城県仙台市，広島県広島市，福岡県福岡市をいう。
　　　　地方圏（その他）とは，地方圏の地方四市を除いた市町村の区域をいう。
　　　　地点数は，継続標準地の数である。

（出典）　国土交通省ホームページ　平成31年地価公示

方圏では平成４年以来27年ぶりに下落から上昇に転じる結果になっています。

◆ 平成31年地価公示結果の概要

　国土交通省は平成31年地価公示の結果の概要として以下のとおりの総括を発表しています。

■平成30年１月以降の１年間の地価について■

●全国平均では，全用途平均が４年連続の上昇となり，上昇幅も３年連続で拡大し上昇基調を強めている。用途別では，住宅地は２年連続，商業地は４年連続，工業地は３年連続の上昇となり，それぞれ上昇基調を強めている。

●三大都市圏をみると，全用途平均・住宅地・商業地・工業地のいずれについても，各圏域で上昇が継続し，上昇基調を強めている。

●地方圏をみると，全用途平均・住宅地が平成４年以来27年ぶりに上昇に転じた。商業地・工業地は２年連続の上昇となり，上昇基調を強めている。地方圏のうち，地方四市（札幌市，仙台市，広島市，福岡市）では全ての用途で上昇が継続し，上昇基調を強めている。地方四市を除くその他の地域においても，商業地が平成５年から続いた下落から横ばいとなり，工業地は平成４年以来27年ぶりに上昇に転じた。

 **「地価調査価格（基準地価）」ってなに？**

 都道府県が毎年発表する土地の適正価格です。「国土利用計画法」という法律に則り，毎年9月にその年の7月1日時点における都道府県の基準地の土地価格を公表しているものです。

◆地価公示とよく似た制度ですが…

「地価公示制度」によく似たものとして「都道府県地価調査」があります。地価公示は地価公示法にしたがって国土交通省が行っています。それに対し都道府県地価調査は「国土利用計画法」にしたがって都道府県が行っています。

地価公示による価格が「公示地価」と呼ばれるのに対して，都道府県地価調査による価格は「基準地価」と呼ばれます。

■地価公示価格と基準地価■

	地価公示価格	基準地価
根拠法	地価公示法	国土利用計画法
調査主体	国（国土交通省土地鑑定委員会）	都道府県
調査方法	1地点につき不動産鑑定士2名以上による鑑定評価	1地点につき不動産鑑定士1名以上による鑑定評価
評価時点	毎年1月1日時点	毎年7月1日時点
公表時期	毎年3月頃	毎年9月頃
調査地域	都市計画区域とその他土地取引が見まれる区域	都市計画区域外を含む全域
調査地点	標準地：26,000地点（H31年）	基準地：21,540地点（R1年）

CHAPTER 1　そうだったのか！　土地の価格

◆9月に新聞に掲載される

　地価公示法の制定は1969（昭和44）年で，都道府県地価調査の国土利用計画法の制定は1974（昭和49）年なので，地価公示制度より少し遅れての誕生となります。

　なお，地価公示制度は1月1日を基準日としているのに対し都道府県地価調査は半年遅れの7月1日です。前者は3月下旬，後者は半年遅れの9月に公表されて新聞に掲載されます。年に2回，春に公示地価，秋に基準地価と，地価の動向が情報発信されるということです。

　地価公示制度と都道府県地価調査の違いには，根拠となる法律，実施主体，基準となる時点，加えて調査対象範囲があげられます。

◆お互いに補完する役割

　地価公示制度における調査対象範囲は，原則として都市計画法に規定する「都市計画区域」のみです。それに対し，都道府県地価調査ではそれよりも広く都市計画区域の外までを含む全国を調査対象範囲としています。

　令和元年都道府県地価調査の地点数は地価公示よりも若干少ない21,540地点（うち，福島第一原子力発電所の事故の影響による12地点で調査を休止）ですが，調査の範囲が広く全国を網羅的に調査しています。つまり，地価公示制度と都道府県地価調査はそれぞれが役割を持っていて，お互いに足りない部分を補完するような関係にあるといえます。

13

 「相続税路線価」ってなに？

　相続税路線価とは，相続税や贈与税を算定する際の基準となる価格のことです。国税庁が毎年7月に，路線価図および評価倍率表から構成される「財産評価基準書」によって，同年1月1日時点の価格を公表します。相続税路線価は，地価公示価格の80％を目途に国税局長が定めています。

◆路線価図とは

　相続税路線価は，路線（道路）に面する標準的な宅地の1平方メートル当たりの価額（千円単位で表示しています）を路線価図として表示しています。

　路線価図で路線価が付設されている地域では，相続が発生した場合，土地等の相続税額を調べる際に，この路線価が用いられます。

　なお，すべての土地に路線価があるわけではありません。路線価は主に市街地の宅地を対象としたものであり，市街地を形成している地域には路線価方式を適用していますが，市街地を形成していない郊外の宅地や山林，農地には路線価を付設せずに倍率方式によって評価しています。つまり，路線価が付設されていない地域については，その市区町村の「評価倍率表」を使って価格を調べることができます。

◆どうすれば確認できるのか

　相続税路線価は国税庁が発表しています。国税庁や税務署に行って確認することもできますが，国税庁のホームページでも公開されていますので，

パソコンやスマホを使って調べることができます。

国税庁のサイトのマップから、調べたい都道府県を選択し、地点を選べば、「路線価図」と「評価倍率表」を見ることができます。

■「財産評価基準書　路線価図・評価倍率表」■

また、国税庁のホームページでは、「路線価図の説明」として以下のようにわかりやすく「路線価図」を説明しています。

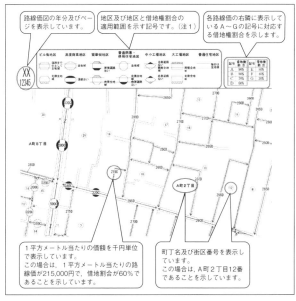

■路線価図の説明■

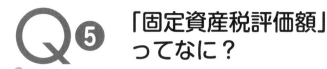
Q5 「固定資産税評価額」ってなに？

 固定資産税評価額とは，固定資産税や都市計画税を賦課する際の基準となる価格のことです。各市町村長（東京23区の場合は都知事）が，相続税路線価と同様に1月1日時点の価格を公表します。宅地の固定資産税評価額は，地価公示価格の70％を目途に定められています。

「相続税路線価」と同じように「固定資産税路線価」と呼ぶこともあります。

◆固定資産税の評価は？

固定資産税は，毎年1月1日に，土地，家屋，償却資産を所有している人が，固定資産の評価額を基に算定された税額を各市町村（東京23区の場合は都）に納めるものです。

固定資産税の評価は，総務大臣が定めた固定資産評価基準に基づいて行われ，各市町村長（東京23区の場合は都知事）がその価格を最終的に決定し，この価格を基に税額が算定されます。

土地の固定資産税のうち，とくに宅地の評価につきましては，市町村内において状況の類似する地域ごとに，標準的な宅地（標準宅地）を選定して評価を行います。そのうち，市街地を形成する地域においては「市街地宅地評価法」として，相続税と同様に路線価を付設して評価しています。一方で，市街地を形成していない郊外の宅地につきましては，相続税の場合は「評価倍率表」を用いて評価していましたが，固定資産税につきましては，「その他の宅地評価法」を適用して，標準宅地から各筆の価格を評価しています。

CHAPTER1 そうだったのか！ 土地の価格

◆相続税路線価と固定資産税評価額のちがいは？

　相続税路線価は毎年評価を行っていますが，固定資産税評価額の場合は，地方税法に従って，各市町村が3年に一度，基準年度に評価（評価替え）を行っています。

　原則として，基準年度で評価された価格を3年間使って税額を算定しますが，例外として，土地の価格が下落した場合には，評価替えを待たずに評価額の下落修正を行うこともあります。

◆ どうすれば確認できるのか

　固定資産税は納税者を対象に，各市町村において，縦覧制度をはじめ固定資産税についての情報開示の制度があります。

　とくに，宅地の評価額につきましては路線価図を公開し，標準宅地の所在等についても公表しています。

　一般社団法人資産評価システム研究センターでは，全国の路線価等の情

■全国地価マップ■

（出典）　資産評価システム研究センターホームページ

17

報を集約してホームページで「全国地価マップ」として公開しています。

また、同センターでは、固定資産税の制度や評価方法をわかりやすく解

■固定資産税のしおり■

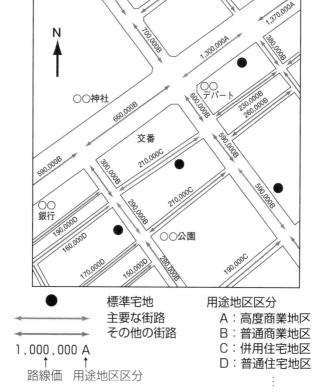

(出典) 資産評価システム研究センター「国定資産税のしおり」より

説した小冊子「固定資産税のしおり」を作成し，ホームページで公開しています。

◆ 調査地点が多い相続税と固定資産税

相続税路線価と固定資産税評価は全国数十万地点を対象に評価を行っています。前述のとおり，それぞれの税額は，地価公示価格の一定割合を評価額として，それをもとに算定されています。

しかし，地価公示は全国で26,000地点しかなく，それを補完する都道府県地価調査でさえも21,540地点しかありません。そこで，相続税と固定資産税の課税を適正に行うために，国税庁，市町村がそれぞれ地価公示価格，基準地価を補完する標準宅地を設けて不動産鑑定士による評価を行っています。

◆ 公的土地評価の均衡化

このように，地価公示や固定資産税評価などの公的土地評価は，それぞれがバラバラに評価を行っているわけではありません。

この根底にあるのは，平成バブル真っ盛りの平成元年に制定された「土地基本法」です。土地基本法の第16条には，公的土地評価の均衡として「国は，適正な地価の形成及び課税の適正化に資するため，土地の正常な価格を公示するとともに，公的土地評価について相互の均衡と適正化が図られるように努める」とされています。

それぞれの公的土地評価が補完しあいながら均衡ある評価を行っています。

 時価とそれぞれの価格の関係は？

 お寿司屋さんなどで「時価」などときくとドキドキしてしまいますが、時価とは一般的に「客観的な交換価値」のことをいいます。不動産の時価についていえば、その時々において、不動産市場で売手と買手が双方納得して合意した（するであろう）価格です。

◆さまざまな不動産価格と時価との関係は…

今までに出てきた「価格」と「時価」との関係をまとめると以下のようになります。

■価格の比較■

種類	地価公示価格	基準地価	相続税路線価	固定資産税評価額
根拠法令等	地価公示法	国土利用計画法施行令	相続税法	地方税法
目的等	①一般土地取引の指標 ②不動産鑑定士による鑑定評価の規準 ③公共用地取得の規準	①国土利用計画法による価格審査の基準 ②国土利用計画法による土地取得価格算定の基準	①相続税の課税 ②贈与税の課税	固定資産税の課税
価格時点	1月1日 （毎年）	7月1日 （毎年）	1月1日 （毎年）	1月1日 （3年毎評価替え）
法等の求める価格	「正常な価格」	「正常な価格」 （地価公示に同じ）	「取得時におけえる時価」	「適正な時価」
時価との割合	100	100	80 （地価公示価格の8割）	70 （地価公示価格の7割）
算定方法	不動産鑑定士による鑑定評価（不動産鑑定評価基準）	不動産鑑定士による鑑定評価（不動産鑑定評価基準）	財産評価基本通達	固定資産評価基準

CHAPTER 1 そうだったのか！ 土地の価格

Column
土地の所有の歴史

　わが国における土地の所有は，「大化の改新」以前は天皇や豪族らが各自で私的に土地・人民を所有・支配していました。

　大化2（646）年に示された「改新の詔」の第1条において，こうした私的所有・支配が禁止され，全ての土地・人民は天皇が所有・支配する体制が確立します。いわゆる「私地私民」制から「公地公民」制への転換です。

　その後の人口増加による食糧増産の必要性から，開墾促進のため，養老7（723）年に「三世一身法」が定められ開墾者から三世代までの墾田私有が認められ，さらに，天平15（743）年に「墾田永年私財法」が定められ開墾した土地の永続的な私有が認められました。これにより貴族・豪族・有力寺社は農民たちを集め土地の開墾を行い私有地（荘園）の拡大に乗り出し，土地の私有が本格的に開始されたと考えられています。

　鎌倉時代，戦国時代，江戸時代に至っても幕府や大名の支配下にあるという封建制度的な土地保有意識が続いていました。

　近代的な土地所有形態は，明治政府による明治6（1873）年の「地租改正」によって確立されたと考えられています。「地租改正」は，土地の筆ごとに地券を発行し，当該地券に記載された地価を基に物納から金納に変更した一大改革でしたが，これによって個人の所有権が存在する事が初めて法的に認められることになり，土地が個人の財産として流通や担保の対象として扱われるようになったといえます。

Column

土地の売買の変遷

　土地の売買はいつから行われているのでしょうか。

　貞永元（1232）年，鎌倉幕府の「御成敗式目（貞永式目）」第48条において「売買所領事（御家人が先祖代々支配していた所領を売ることは問題ありませんが，恩賞として与えられた土地を売買することは禁止する。）」が定められています。少なくともその時代には土地売買が行われていたと考えられます。

　ただ，文永4（1267）年の「貞永式目追加条々」第65条において「以所領入質券令売買事（御家人所領の売買・質入を禁止）」が定められていることや「本銭返（売主は売却代金を買主に返却すればいつでも買い戻すことができるという特約付きの契約）」という用語があったことなどから，買戻特約付売買あるいは譲渡担保のような性格と考えられます。

　江戸時代になると，幕府が農民の担税能力維持を目的として，寛永20（1643）年に「田畑売買禁止令（農民が田畑を売買することを禁止）」が定められましたが，町中の土地においては有力商人を中心として「沽券状（江戸市中の町人地に関する売買契約書で売主のほか名主と五人組が連名）」によって土地取引が行われていました。

　明治時代になると，明治4（1871）年の「新貨条例」により通貨単位が「両から円」となり，明治5（1872）年に「田畑永代売買禁令」を解き，前記のとおり翌年（明治6年）には「地租改正」が行われるなどして，近代的な土地売買が開始されることとなります。

CHAPTER 2

そうだったのか!
地価公示制度

土地取引の安全性を支えている制度が
地価公示制度です。

 いつ地価公示制度が
誕生したか？

 1969（昭和44）年制定の地価公示法に基づき，1970年から地価公示が行われています。施行されてから2019年でちょうど50年です。

◆ 地価公示制度の誕生

　1960年代，高度経済成長で物の値段が上昇しているなかで，土地の価格も上昇しました。ただ，前述のとおり，土地の価格は衣類や食料品と違い，わかりづらいものです。まったく同じ土地はありません。この土地のわかりづらさを利用した投機的な土地取引などが重大な問題として取り上げられるようになりました。

　そこで，土地の適正な価格を判断するにあたっての客観的な目安として地価公示制度が誕生しました。1963年に不動産の鑑定評価に関する法律が制定され，前提となる不動産鑑定評価制度の定着を待って，1969年制定の

■**地価公示制度の誕生と広がり**■

> 高度経済成長で土地の価格の動きが激しくなりました。
>
>
>
> 信頼できる地価の制度がなくて困っていました。
>
>
>
> 地価公示制度の登場。970地点（東京・大阪・名古屋）。
>
>
>
> 日本列島改造ブームで全国に拡大しました。

地価公示法に基づき1970年から地価公示が行われています。

地価公示制度が出来た当初は，970地点で東京・大阪・名古屋の都市のみが対象でしたが，その後の日本列島改造ブームもあり地価上昇が拡大したため，全国に広がりました。

◆これからの役割

このように，地価公示制度が全国に拡大した理由は日本列島改造ブームですが，現在は，経済成長が熟成しています。それでは，地価公示制度はこれからどのような役割を担っていくのでしょうか。

まず，現在は，人口・所得・景気等から都市部と地方部との格差など，地価の変動がさまざまな状況です。外国人観光客で賑わう街，郊外型大型店舗の進出などで人気の出た新興住宅地がある一方で，逆に空家が増加する既成住宅地域や客足が減り衰退する商店街があります。これらに適切に対応した地価の情報が求められます。

また，災害による地価への影響などにも適切な把握が必要です。

さらに，地価公示で公表する変動率は，地域の動向を知る上での重要な手がかりといえます。

 # 誰が鑑定するの？

 1地点について，2人以上の不動産鑑定士（不動産鑑定士補を含む）が鑑定評価を行い，最終的に国土交通省土地鑑定委員会が価格を判定・公表します。

◆不動産鑑定士の独占業務

　地価公示法第2条で，標準地の価格の判定等には不動産鑑定士の鑑定評価が求められています。鑑定評価基準に定められた，鑑定評価手法により求められる価格を勘案して正常な価格を判定するものとされています。

　ただ，不動産鑑定士なら誰でもできるというわけでなく，日頃の鑑定の経験，不当鑑定による処分等の有無，研修の自己研鑽等を考慮して，国土交通省から地価公示評価員として任命（委嘱）されます。

CHAPTER 2　そうだったのか！　地価公示制度

Column
不動産に関する資格

　不動産鑑定士とは，わが国における不動産に関する最高峰の国家資格です。

　不動産（土地や建物など）の価値（価格）を判定して，その結果を鑑定評価書として世に送り出すのが，不動産鑑定士の主たる業務です。

　宅地建物取引士は不動産の取引のために必要な資格，土地家屋調査士は測量や登記のための資格ですので，それぞれ同じような印象を持っているかもしれませんが，それぞれの業務領域は明確に異なります。

　不動産鑑定士は法律によって，不動産の鑑定評価を独占業務とすることが認められていますので，これに違反してしまうと罰則の規定もあります。

 不動産鑑定士って
どんな資格？

 不動産鑑定士は，不動産の価格についてだけでなく，不動産の適正な利用についての専門家です。

◆ 日本の土地取引の適正な均衡を保つ，縁の下の力持ち

　不動産鑑定士とは，不動産鑑定士試験に合格し，国土交通省に備える不動産鑑定士名簿に登録を受けたものをいいます。「不動産の鑑定評価に関する法律」に基づき不動産の鑑定評価を行うことができる唯一の国家資格です。

　弁護士や医者などに比べて，不動産鑑定士に対する一般的な認知度は比較的低いかもしれませんが，日本の土地取引の適正な均衡を保ついわば縁の下の力持ちです。不動産の鑑定評価業務に限らず，さまざまな分野で活躍しています。

CHAPTER 2　そうだったのか！　地価公示制度

■不動産鑑定士の主な業務■

1．不動産の鑑定評価業務

1）公的機関から依頼される業務

① 地価公示法に基づく標準地の鑑定評価

② 国土利用計画法施行令に基づく基準地の鑑定評価

③ 相続税課税のための路線価の評価

④ 固定資産税のための標準宅地の鑑定評価

⑤ 土地収用法その他の法律により公共用地を取得する際の補償目的の鑑定評価

⑥ 裁判や競売事務における評価

⑦ 国有財産法に基づく国有財産の評価

2）民間企業や個人等から依頼される業務

① 売買の参考としての鑑定評価

② 株式会社へ不動産を現物出資する際の鑑定評価

③ 減損会計における評価

④ 抵当権設定のための鑑定評価

⑤ 不動産の証券化に係る鑑定評価

⑥ 会社合併時における資産評価

⑦ 会社更生法や民事再生法の要請に伴う資産評価

⑧ 都市再開発法に基づく市街地再開発事業における従前・従後の各種権利の評価

⑨ 地代や家賃の更新・改定時の係争における鑑定評価

⑩ 相続発生時における資産価値の評価

2．不動産に関するコンサルティング業務

　不動産鑑定士の名称を用いて，不動産の客観的価値に作用する諸要因に関して調査や分析を行い，不動産の利用，取引若しくは投資に関する相談に応じています。

 評価の流れって？

 現地調査，資料収集，バランス会議等を行い，最終的に鑑定評価額を決定します。

◆評価額が決定されるまで

ある地域の標準的な地点（標準地）を選んで，不動産の鑑定評価の専門家である不動産鑑定士が現地を調査し，最新の取引事例やその土地からの収益の見通しなどを分析して，さらに，全国の地点間や地域間のバランスを検討し，評価を行います。

▓評価の流れ▓

不動産鑑定士（鑑定評価員）が現地を調査（点検）します。また，法務局や役所等に足を運び調査します。地域は常に変化していますので，標準的な地点の追加や変更をする場合もあります。

多数の取引事例や賃貸事例等を収集調査し，また地価に影響する地域の情報も日頃から収集します。不動産業者へのヒアリング，公的機関公表の資料，新聞記事も重要な情報となります。

地域ごとに細分された分科会を数回開催し，価格の動向や地域間のバランスを検討します。その後は，各都道府県内の会議，各ブロック（東北地方などの区割）会議など，さらに広域的なバランス検討を行っています。

1つの標準地に対して2人の不動産鑑定士（鑑定評価員）が地点の特徴に応じた手法（原価法，取引事例比較法，収益還元法など）を用いて評価を行います。

　鑑定評価書を作成して，土地鑑定委員会に提出します。

◆実施時期等

　8月から次年の1月までの約半年間，調査，資料収集，会議，評価等を行い最終的に3月に公表しますが，取引事例などの収集や地域の情報については，1年中，アンテナを広げています。

■地価公示の流れ フローチャート■

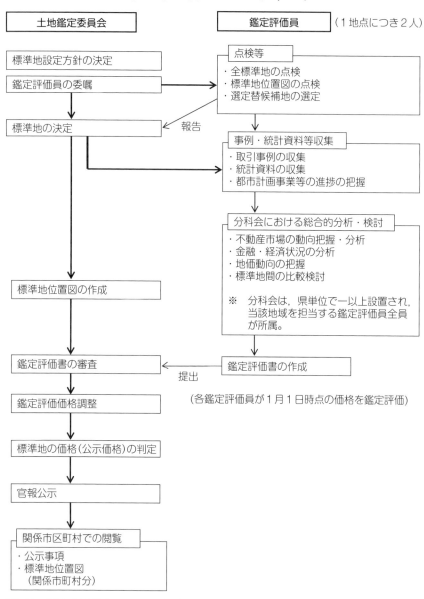

(出典) 国土交通省ホームページより

CHAPTER 2 そうだったのか！ 地価公示制度

Column
不動産鑑定士は大忙し！

　地価公示は年に一度，３月下旬に発表する時には，地価変動の情報としてマスコミを賑わせますが，その制度自体についての世間の認知度はそれほど高いとはいえません。

　TV番組の「開運！なんでも鑑定団」のように直感的な鑑定で簡易に地価を評価して公示しているようにイメージされているかもしれませんが，実は，長い期間の準備が必要です。

　地価公示業務のスタートは前年の４月の評価員の応募から始まり，合計で５回開催される分科会と呼ばれる会議を経て，１月中旬の鑑定評価書を提出するまで，約９ヶ月間にわたる長丁場の業務となります。

　国土交通省のホームページに土地鑑定委員会の会議資料などが公表されています（http://www.mlit.go.jp/policy/shingikai/s504_tochikantei01.html）。

　スケジュールを見ても分かるように，評価員としての委嘱を受けた７月中旬から鑑定評価書の提出の１月中旬まで，ほぼ切れ目無く作業と会議，書類の提出が続きます。しかも，最も重要な作業となる鑑定評価書の提出が１月中旬を締め切りとしていることから，地価公示の評価員の年末年始は，毎年のんびり休むことができず，作業に追われる日々なのです。

 評価の手法って？

 主な評価の手法には,「原価法」「取引事例比較法」「収益還元法」などがあります。

◆ 価格の三面性

不動産に限らず,一般に人が物の価値をみる場合には,物の価格が持つ3つの角度から判断をしています。つまり,費用性,市場性,収益性の3つの側面のアプローチ(価格の三面性)から価格を求めています。

■ 3つの側面のアプローチ ■

費用性とは,その物を作るのにどれだけ費用がかかったか
市場性とは,その物がどれほどの値段で市場にて取引されているか
収益性とは,その物を利用することによって,どれほどの収益が得られるか

とくに不動産の価格の場合には,この「価格の三面性」に応じた評価手法を用いて価格を評価しています。

■ 評価手法 ■

費用性＝原価法
市場性＝取引事例比較法
収益性＝収益還元法

◆「再調達原価」がわかるときに有効な「原価法」

まず原価法は、価格時点における対象不動産の「再調達原価」を求め、この再調達原価について「減価修正」を行って対象不動産の試算価格を求める手法です。(この手法による試算価格を「積算価格」といいます)。

この手法は、対象不動産が建物又は建物及びその敷地である場合において、再調達原価の把握及び減価修正を適切に行うことができるときに有効であり、対象不動産が土地のみである場合においても、再調達原価を適切に求めることができるときはこの手法を適用することができます。

■原価法■

再調達原価－減価修正＝積算価格

もう1度買うと
いくらかかるか？

では、再調達原価とは、なんでしょうか。

対象不動産を価格時点において再調達することを想定した場合において必要とされる適正な原価の総額をいいます。もう1度その不動産を買うとしたら、いくらかかるか、ということです。

◆類似の不動産取引がある場合に有効な「取引事例比較法」

次に取引事例比較法は、まず多数の取引事例を収集して適切な事例の選択を行い、これらに係る取引価格に必要に応じて事情補正及び時点修正を

行い，かつ，地域要因の比較及び個別的要因の比較を行って求められた価格を比較考量し，これによって対象不動産の試算価格を求める手法です（この手法による試算価格を「比準価格」といいます）。

取引事例比較法は，近隣地域若しくは同一需給圏内の類似地域等において対象不動産と類似の不動産の取引が行われている場合又は同一需給圏内の代替競争不動産の取引が行われている場合に有効です。

この手法の適用に当たっては，多数の取引事例を収集し，価格の指標となり得る事例の選択を行います。また，その有効性を高めるため，取引事例はもとより，売り希望価格，買い希望価格，精通者意見等の資料を幅広く収集するよう努める必要があります。

なお，これらの資料は，近隣地域の価格水準及び地価の動向を知るうえで十分活用し得るものです。

■適用までの流れ■

取引事例の収集 ⇒ 適切な事例の選択 ⇒ 事情補正 ⇒ 時点修正
⇒地域要因の比較 ⇒ 個別的要因の比較 ⇒ 比準価格

◆賃貸用不動産又は事業の用に供する不動産に有効な「収益還元法」

収益還元法は，対象不動産が将来生み出すであろうと期待される純収益の現在価値の総和を求めることにより，対象不動産の試算価格を求める手法です（この手法による試算価格を「収益価格」といいます）。

この収益還元法は，賃貸用不動産又は賃貸以外の事業の用に供する不動産の価格を求める場合に特に有効です。

また，不動産の価格は，一般に当該不動産の収益性を反映して形成されるものであり，ここでいう収益とは，不動産の経済価値の本質を形成するものです。したがって，この手法は，文化財の指定を受けた建造物等の一般的に市場性を有しない不動産以外のものには基本的にすべて適用すべきものであり，自用の不動産といえども賃貸を想定して適用されるべきものです。

なお，市場における不動産の取引価格の上昇が著しいときは，取引価格と収益価格との乖離が増大するので，先走りがちな取引価格に対する有力な検証手段として，この手法が活用されます。

収益還元法における現在価値を求める手法には，一期間の純収益を還元利回りによって還元する直接還元法と，連続する複数の期間に発生する純収益及び復帰価格を，その発生時期に応じて現在価値に割引き，それぞれを合計するDCF法（Discounted Cash Flow法）があります。いずれの方法を適用するかについては，収集可能な資料の範囲，対象不動産の類型及び依頼目的に即して適切に選択することが必要となります。

◆ 原価法，取引事例比較法，収益還元法の三手法の考え方を活用した「開発法」

開発法は，価格時点において，評価の対象となる更地に最有効使用の建物が建築されることを想定し，販売総額から通常の建物建築費相当額及び発注者が直接負担すべき通常の付帯費用を控除して試算価格を求める手法です。

前述の収益還元法は対象の不動産を保有しながら賃貸借することを想定していますが，開発法は対象の不動産を分譲して売却してしまうことを想定して価格を求める手法です。

地価公示では，マンションの多い住宅地域の標準地において適用される場合があります。

 地価公示価格を決定してるのは誰？

 不動産鑑定士の評価をもとに国土交通省の土地鑑定委員会が地価公示価格を決定しています（地価公示法第2条）。

◆ 7人の土地鑑定委員会が決定

ある地域の標準的な地点（標準地）を選定し，全国の不動産鑑定士（鑑定評価員）が現地を調査し，最新の取引事例やその土地からの収益の見通しを分析して，さらに，地点間のバランスなども検討したうえで，評価を行います。

■地価公示価格が決定されるまで■

（出典）公益社団法人日本不動産鑑定士協会連合会「地価公示の役割」

1つの標準地につき2人の不動産鑑定士（鑑定評価員）の評価をもとに土地鑑定委員会が正常な価格を判定します。

土地鑑定委員会は7人の委員で構成されていますが，委員は，不動産の

鑑定評価に関する事項又は土地に関する制度について，学識経験を有する者のうちから衆議院と参議院の同意を得て，国土交通大臣が任命します（同法第15条）。

> ## Column
> ### 不動産鑑定士の仕事と報酬
>
> 　不動産鑑定士の仕事は大きく分けて，「鑑定評価」と「コンサルティング」に分かれます。また，公共機関からの依頼の仕事として「公的土地評価」と「鑑定人等としての業務」に分けることもできます。
>
> 　民間企業から依頼される仕事は報酬が高く，公共機関から依頼される仕事の報酬は低額になる傾向がありますが，地方によってもさまざまです。また，民間企業から依頼される仕事は大都市に偏っている一方で，公共機関からの依頼は全国津々浦々に広がっています。
>
> 　なお，地価公示や都道府県地価調査も公共機関から依頼される公的土地評価に分類されます。
>
>

 公示する地点は毎年同じ？

 基本的に毎年同じ地点の地価を公示しています。

◆地価のトレンドがわかる！

毎年同じ地点（標準地）の地価を公示することによって，その地点の地価のトレンド（上昇傾向にあるのか，あるいは下降傾向にあるのかなど）を時系列的に把握することができます。

ただし，利用状況の変化（たとえば，標準地が土地の買い増しによって，周辺の標準的な土地の面積と比較して広大となったような場合等）等で，標準地としての選定基準の要件を欠いた場合には，別の地点に選定替えを行います。

■標準地としての選定基準の要件■

代表性	当該地域全体の地価水準をできる限り代表しうるものであること。
中庸性	近隣地域での土地の利用状況，環境，面積，形状などが中庸のものであること。
安定性	近隣地域での安定した土地の利用状況に配慮したものであること。
確定性	ほかの土地と明確に区分され，範囲が特定できるものであること。

CHAPTER 2　そうだったのか！　地価公示制度

 公表の手法は？

 　毎年3月下旬にその年の1月1日時点の地価公示価格が公表されます。地価公示法では，結果を官報に公示するとともに，公示に係る事項を記載した書面を市区町村長に送付し，一般の閲覧に供しなければならないことになっています（同法第7条）。
　また，新聞各紙（全国紙，地方紙，業界紙等）に掲載されるほか，インターネット上でも閲覧することができるようになっています。

◆公表される地価公示データ

以下のような情報が公表されます（同法第6条，施行規則第5条）。

- ・公示される標準地の所在地番・住居表示
- ・1平方メートル当たりの価格，地積，利用現況等
- ・標準地の前面道路の状況
- ・標準地についての水道，ガス供給施設及び下水道の整備の状況
- ・標準地の鉄道その他の主要な交通施設との接近の状況
- ・標準地に係る都市計画法，その他法令に基づく制限で主要なもの

　よく注目され，活用されるデータとしては，標準地の価格以外にも対前年比の地価変動率のデータ等があります。平成31年地価公示では，地方圏においても住宅地が平成4年以来27年ぶりに上昇に転じたことが，新聞やインターネット等で大きなニュースとなりました。

◆官報

官報とは，法律，政令，条約等の公布のほか，国や特殊法人等の諸報告や資料を公表する国の広報誌であり，地価公示が発表されるとその翌日に官報の号外で公表されます。官報記載事項は地価公示の最も基本となる情報です。

◆新聞

公表翌日の新聞は一面に地価公示の記事が載るケースが多く，さらに特集ページで，個別の標準地の一覧が記載されます。所在（住居表示），今年の価格，昨年の価格，（新聞によっては）昨年比の地価変動率などが掲載されます。

全国26,000地点のすべてを記載することは紙面の都合上，不可能であるため，地方紙の場合はその都道府県内全地点のみ，全国紙の場合でも，配布エリアが属する都道府県内全地点のほか，他県は代表的な地点のみを掲載するケースが多いようです。

◆インターネット

国土交通省のホームページ，土地総合情報システムの標準地・基準地検索システムで1970（昭和45）年以降の全国の地価公示の標準地の情報を取得することができます。

また、地価公示だけでなく、都道府県知事が発表している都道府県地価調査の基準地（平成9年以降）の情報も取得することができます。

 もしも世のなかに地価公示制度がなかったら？

 もしも世のなかに地価公示制度がなかったら，課税の信頼性や公平性を確保できないでしょうし，また，土地取引における客観的な目安もなくなり，安定した社会生活や企業活動も望めないでしょう。

◆土地の価格はわかりづらいから…

　前述のとおり，土地はほかの一般のさまざまな物と異なる特性（移動できない，1つ1つの地積や形状が異なる，利用方法は人によってさまざま……）を持っています。また，実際の取引には，売主，買主のさまざまな事情や動機（たとえば「この土地がどうしても欲しい！」とか）等により，特殊な事情が含まれており，それらが価格に影響を与え，その価格自体を左右することがあります。このため，一般の方には土地の適正な価格がわかりづらいものとなっています。

　一方，地価公示価格は特殊な事情などが取り除かれた，売主にも買主にも偏らない正常な価格です。地価公示の標準地は全国各地に網羅的に設定され，全国的に統一的なルールのもとに，不動産の鑑定評価の専門家である不動産鑑定士が携わり，最終的には国土交通省の土地鑑定委員会が決定しています。

◆土地と建物，その所有関係はさまざま

　ところで，人はみな土地上に存する建物で暮らしていますが，その権利関係としては，土地と建物を所有している人，借地上の建物を所有してい

る人，土地上の建物を借りている人に大別されます。

◆不動産を持つ人と地価公示価格

　不動産を持つと，固定資産税などが課税されます。相続となれば相続税が生じるかもしれません。敷地が接面する道路の拡幅によって，敷地の一部が用地買収されるかもしれません。このような場合，地価公示価格が算定の基礎になります。

　また，これから土地を購入しようとするときに，予算やお子さんの通学区域等の関係から，知らない町の土地を購入することもあるでしょう。その場合，地価公示価格が購入金額の客観的な目安になります。

　加えて，地価公示制度には定点観測としての役割もありますので，標準地の過去からの変動率を見ることにより，その土地が属する地域の地価の動きを知ることもできるでしょう。

◆借りる人と公示地価

　借地上の建物を所有している人や，借家に住んでいる人の多くは，地代や家賃等の賃料を支払っています。

　不動産の価格と賃料との間には，いわゆる元本と果実との間に認められる相関関係が認められます。したがって，賃料には土地の価格が反映されており，固定資産税等の公租公課等も賃料の構成要素に含まれています。

◆制度インフラとして不可欠

　持つ人や借りる人，権利関係に違いはあっても，土地に係る固定資産税や相続税等の課税，道路用地の買収，住宅ローンに係る金融機関の担保評価など，これらすべてにおいて地価公示価格が基準となっています。

また，これら以外においても，企業会計やJ-REITなどの投資用不動産の価値判断などでも，地価公示価格が重要な役割を果たしています。

　土地はすべての国民の生活と活動とに欠くことのできない基盤です。そのため，その適正な価格を公示する意義はとても大きく，地価公示制度は今やわが国の社会・経済活動におけるインフラとして不可欠なものといえるでしょう。

■インフラとしての地価公示制度■

（出典）公益社団法人日本不動産鑑定士協会連合会「地価公示の役割」

CHAPTER 3

そうだったのか！
地価公示の
見方・活かし方

ここでは，実際にインターネットを使って地価公示を見て，
それを活かして土地価格を調べてみましょう。

Q16 「土地総合情報システム」はどう使う？

　　地価公示で公表しているデータを活用して，自分の所有する家の土地の価格を調べることができます。国土交通省のホームページの「土地総合情報システム」から付近の地価公示のデータを調べることができますので，それから自分の所有する家の土地価格を推定することが可能です。

◆国土交通省の「土地総合情報システム」

　国土交通省のホームページに「土地総合情報システム（http://www.land.mlit.go.jp/webland/）」があります。
　このなかの「地価公示　都道府県地価調査」を選択し，さらに自宅がある都道府県を選びます。
　都道府県からさらに市町村を選択し，調べたい地価公示の条件（調査年，用途区分，地価の幅）を入力すると一覧表が表示されます。

■調べたい場所を探す■

　たとえば，千葉県松戸市の平成31年の地価公示のうちの住宅地で，1㎡あたり200千円以上を検索すると以下のとおり表示されます。

CHAPTER 3 そうだったのか！ 地価公示の見方・活かし方

■土地総合情報システム検索結果■

| 検索条件：〔地域〕千葉県松戸市 〔対象〕地価公示 〔調査年〕平成31年 〔用途区分〕住宅地 〔地価〕200千円／m²以上 |

検索結果 4 件中 1 ～ 4 件目を表示中

「詳細を開く」ボタンを押すと、地価の詳細情報が表示されます。

国土交通省地価公示　　　　　　　　　　　　　　　　　　　　　　　　　　　　　詳細を開く

標準地番号	松戸-1	調査基準日	平成31年1月1日
所在及び地番	千葉県松戸市松戸字神田１０９８番３外　地図で確認する
住居表示			
価格(円/m²)	233,000(円/m²)	交通施設、距離	松戸、650m
地積(m²)	193(m²)	形状（間口：奥行き）	(1.0 2.0)
利用区分、構造	建物などの敷地、W（木造）2F

国土交通省地価公示　　　　　　　　　　　　　　　　　　　　　　　　　　　　　詳細を開く

標準地番号	松戸-13	調査基準日	平成31年1月1日
所在及び地番	千葉県松戸市岩瀬字住吉町２３番３外　地図で確認する
住居表示			
価格(円/m²)	245,000(円/m²)	交通施設、距離	松戸、550m
地積(m²)	264(m²)	形状（間口：奥行き）	(1.0 1.5)
利用区分、構造	建物などの敷地、W（木造）2F

　リストのなかから自分の所有する家の付近を探して、地価公示の情報を表示します。
　たとえば、地価公示（松戸 - 13）の「地図で確認する」をクリックし、詳細表示をすると以下のとおり、地図上の位置とデータが表示されます。

■地図の表示■

49

なお，付近に地価公示の地点が無い場合には，都道府県地価調査にも範囲を広げて検索してみてください。

　また，「土地総合情報システム」では，公的な土地価格のデータ以外にも「不動産取引価格情報検索」によって実際の取引事例を検索することができますので，それを参考に自分の所有する家の土地価格を推定することができます。

　たとえば，千葉県松戸市内で，取引時期が2018年第1四半期から第4四半期の宅地取引事例を検索すると，図のとおり671件の取引事例が表示されます。

　このリストに表示されている取引事例は，個人情報保護の観点から所在地等の個人データとして判断できる詳細な情報を明示していません。自分の所有する家の周辺地域でどのような取引が実際に行われていたのかを知るためのあくまでも参考情報という位置づけになります。

　以上の情報を活用して自分が所有する家の土地価格を調べることができます。しかし，正確な価格を知るには不動産鑑定士に鑑定評価を依頼することをおすすめします。

■取引事例の検索■

公益社団法人日本不動産鑑定士協会連合会では，地価公示制度50周年を記念して動画「あなたの役に立ちたい　〜地価公示〜」を作成し，ホームページやYouTubeで公開しています。

　この動画のなかで「土地総合情報システム」を実際に操作している動画がありますので，参考にしてください。

https://www.youtube.com/watch?v=tcy5rZpyXio

# Q⑰ その他便利なサイトは？

 地価公示データが見られる便利なサイトは以下のとおりです。

◆都道府県主管課のホームページ

　各都道府県の地価調査の主管課では地価調査はもちろん，県内の地価公示についても情報提供している都道府県が多いです。自治体別の平均変動率など国土交通省のホームページでは全国すべての自治体について公表していないデータも，各都道府県の地価調査の主管課では，県内すべての自治体の平均変動率等のデータを公表していることが多いので，欲しいデータが国土交通省のホームページで得られない場合には覗いてみる価値があります。

■東京都基準地価格■

◆一般財団法人土地情報センターのホームページ

　一般財団法人土地情報センターは，土地に関する各種情報の収集及び分析，地価・土地利用等についての調査研究等を行い，国の土地政策の推進と国民経済の発展に寄与することを目的に設立した団体であり，同法人のホームページ（https://www.lic.or.jp/）では，平成14年以降の地価公示の情報を取得することができます。

■土地情報センター■

◆一般財団法人資産評価システム研究センターの全国地価マップ

　一般財団法人資産評価システム研究センターは，固定資産税に関する研究・研修・情報提供機関で，全国すべての地方公共団体が正会員として加盟している団体であり，同法人が提供する全国地価マップ（https://www.chikamap.jp/chikamap/Portal?mid=216）では，直近の5年分の地価公示の情報を取得することができます。なお，P17で説明したとおり，このサイトは固定資産税に関する価格情報の提供を主たる目的としているため，固定資産税の標準宅地の価格や固定資産税路線価はもちろん，相続税路線価も閲覧できます（ホームページ画像はP17参照）。

 地価公示価格と土地取引の価格の関係は？

 地価公示制度の目的の一つに，一般の土地取引における価格指標となることがあげられます。一方，現実の土地取引における価格は，土地の個別性や取引に際しての事情，不動産の類型等によるさまざまな条件下で成約されます。

地価公示価格は，実際に不動産市場で取引された土地の価格を資料としていますが，現実の取引には個別性，事情等があるため，地価公示価格が価格指標たるには，専門家による鑑定評価を行う必要があります。

◆地価公示で鑑定評価される標準地とは

地価公示で鑑定評価される土地の場所は，担当する鑑定評価員（不動産鑑定士等）によって選定されます。この選定された土地を「標準地」といいます。標準地は，地積，形状，間口・奥行の長さ，道路幅員等（個別的要因といいます）ができる限り近隣地域の標準的な条件に合致した土地が選ばれます。近隣地域とは標準地と利用状況や地形，地質等の自然的条件，駅からの距離，土地利用上の規制等の諸条件が概ね似ており，概ね同じ価格水準となりそうな一定の範囲をいいます。

◆土地の個別的要因

たとえば，近隣地域で取引されたある土地が，標準地とは異なる個性（個別的要因）を有していたとします。この場合の地価公示作業では，当該個別的要因が当該土地に作用する程度を判定し，標準地の個別的要因と

合致するように補正することによって地価公示価格を評価します。地価公示価格は，このような個別的要因の分析を通じて不動産市場における価格形成を反映した具体的な価格となります。

■個別的要因が標準的な土地はどれ？■

（図：近隣地域内に「長方形角地」（西側道路・南側側道）、「長方形中間画地」（北側道路、↓標準的）、「台形中間画地」（南側道路）が示されている）

◆隣り合った土地それぞれの価格は？

ある標準地が存する地域に右図のようにA，Bの隣り合っている2つの画地があったとします。

当該地域に存する標準地は150㎡（間口10m，奥行15m）で，価格が1,500万円（1㎡当たり100,000円）であるとします。

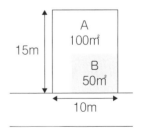

Aは土地の形状が悪く，当該土地を第三者が購入するとなると700万円（1㎡当たり70,000円）でしか購入されません。一方，Bは土地の形状は悪くないのですが，画地規模が50㎡しかなく，当該土地単独では建物の建築は難しいため，当該土地を第三者が購入するとなると400万円（1㎡当たり80,000円）でしか購入されません。

もし，Aの所有者が隣地Bを購入するとした場合，併合後の画地は全体で間口10m，奥行15mの地域の標準的な画地となり，価格も1,500万円となります。併合前のA，Bそれぞれの個別的要因に基づく価格の合計額1,100万円（700万円＋400万円）より400万円も価格が増加するため，Aの所有者は隣地Bに800万円（隣地B：400万円＋価値増加分：400万円，1㎡当たり16万円）まで支払っても採算は取れることになり，Aの所有者はBを標準地の価格（1㎡当たり100,000円）を上回る価格で取得する場合もあります。

　この例のように現実の取引においては，近隣地域の価格水準に比べ特異な動きを見せる価格もあるので，その価格が成立した事情や背景を把握する必要があります。

◆ 土地の類型

　地価公示価格の場合は更地としての価格ですが，鑑定評価を行う場合は，土地の利用方法や権利関係に応じて分類します。
　隣り合った土地であっても，建物がなく，完全所有権の場合（更地），所有者の自宅がある場合（自用の建物及びその敷地），アパートが建っている場合（貸家及びその敷地）では土地部分の価格が異なることがあります。
　土地の売買価格は必ずしも更地としての価格とは限りません。

CHAPTER 3　そうだったのか！　地価公示の見方・活かし方

Column
一番古い公的な土地価格指標

　「地価データ」といえば最も代表的なのが地価公示です。ただ，昭和44年の「地価公示法」の制定からはじまったもので，わが国における公的な地価データは50年の歴史しかありません。

　では，第1回はどのようなものだったのでしょうか。第1回公示は，東京，大阪，名古屋の三大都市圏域（三大都市とその周辺）の970地点を対象に実施されました（その約50年後の平成31年では，地価公示の標準地数は，26,000地点になり，全国すみずみまで設定されています）。

　昭和45年の第1回公示の全国最高の価格は，東京・銀座，並びに新宿の1㎡当たり220万円。また，大阪では梅田，難波が120万円，名古屋では栄町が98万円でした。住宅地では，東京の千代田区三番町が17.5万円で首位に，大阪市の天王寺区清水谷町では9.7万円でした。

　ちなみに，比較のため国家公務員の大卒程度の初任給を見てみると，昭和45年では2万9,980円（上級乙），3万1,510円（上級甲）で，平成30年では18万700円（一般職），18万5,200円（総合職）となっています。

57

 地価公示価格と鑑定評価額の関係は？

 基本的に，地価公示価格は，不動産鑑定士が鑑定評価額を求める際の規準となるものです。

◆法的根拠

地価公示法第8条の規定により，不動産鑑定士は，「公示区域内の土地について鑑定評価を行う場合において，当該土地の正常な価格を求めるときは，公示価格を規準としなければならない」とされています。

「正常な価格」とは，土地について，自由な取引が行なわれる場合，その取引において通常成立すると認められる価格をいいます。

◆規準とするとは？

「公示価格を規準とする」とは，具体的には，鑑定評価の対象土地の価格形成要因と地価公示標準地のそれとを比較検討することにより，地価公示価格と対象土地の価格との間に均衡を保たせることをいいます。

ここで「均衡」とは，地価公示価格そのものと対象土地の価格そのものとが近似（または一致）しているということではなく，地価公示価格から比較検討した（対象土地の）価格と対象土地の鑑定価格とが近似（または一致）しているということです。すなわち，均衡を保たせるとは，価格形成要因の差（効用，価値の差）を考慮した上で，地価公示価格と鑑定評価額とのつりあい（バランス）を取るということです。

◆ 地価公示データを活用する際に気をつけることは？

　不動産鑑定士が地価公示価格を規準とする際，価格時点の違い，地域の違い，個別性の有無及びその程度などの価格形成要因の違いを比較検討しています。

　みなさんが地価公示データを活用する際も，同様に，これら価格形成要因の違いに注意する必要があるでしょう。

◆ 時点の違いに注意

　土地の価格は，時の経過に伴い常に変化しています。

　個別の鑑定評価では，価格時点（価格判定の基準日）が任意に設定されますので，必要な時点の価格がピンポイントで求められます。一方，地価公示では，価格時点が毎年1月1日時点と決まっており，さらには公示される時期が3月になりますので，最大で1年数カ月の時点の差が生じます。地価の変動が著しい時期には特に注意が必要です。

◆ 地域の違い，個別性の有無等に注意

　地価公示データを有効に活用するにあたっては，対象土地に類似する利用価値を有する（代替関係が成立する）地価公示標準地と比較検討することが重要です。たとえ距離が近くても，住宅地と商業地を比較すべきではありません。また，住宅地同士，商業地同士でも，地域の格差（価格差）が大きいほど比較は困難になりますし，代替関係が成立しないほど地域性が異なれば比較自体が不適切となります。

　価格を個別的に形成する個別的要因にも注意が必要です。たとえば間口が極端に狭い土地などは，商業地域にあっても商業地としての利用価値が十分にない場合があります。利用価値が類似しているかどうか，代替関係

が成立しているかどうかといった観点から，地価公示データを活用することが重要です。

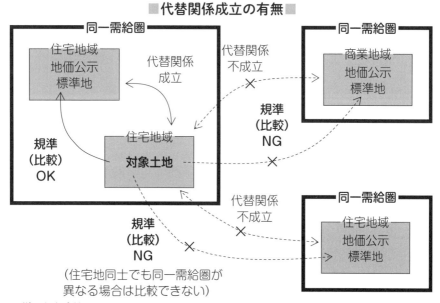

※同一需給圏：一般に対象不動産（ここでは対象土地）と代替関係が成立して，その価格の形成について相互に影響を及ぼすような関係にある他の不動産（土地）の存する圏域をいう。

◆価格の種類に注意

　地価公示は「正常な価格」を公示するものです。

　不動産鑑定士が鑑定評価によって求める価格も，基本的には「正常価格」（地価公示法でいう「正常な価格」と同義）ですが，鑑定評価の依頼目的に対応した条件により，それ以外の価格（限定価格・特定価格・特殊価格）を求める場合があります。このような正常価格以外を求める場合には，地価公示価格を規準とする法的義務はありません。

　したがって，みなさんが「正常な価格」以外の価格を必要とする際には，地価公示データをそのまま活用できない場合があるので注意してください。

 地価公示情報の
オープンデータ化って？

　平成31年地価公示から，地価公示鑑定評価書のすべてのページを国土交通省の「土地総合情報システム」の「標準地・基準地検索システム」で公表しています。これまでは鑑定評価書の1ページ目（表題部）のみを一般の閲覧に供していましたが，平成31年の公表以降はすべてのページを公開し，地価公示価格を決定するまでのプロセスが「見える化」されました。

◆鑑定評価書の閲覧方法

　まずは，土地総合情報システムの標準地・基準地検索システムにアクセスします。たとえば，日本で最も地価の高い銀座4丁目の標準地「中央5-22」を選択します。

国土交通省地価公示			詳細を開く↓
標準地番号	中央5-22	調査基準日	平成31年1月1日
所在及び地番	東京都中央区銀座4丁目2番4　地図で確認する		
住居表示	銀座4-5-6		
価格(円/m²)	57,200,000(円/m²)	交通施設、距離	銀座、近接
地積(m²)	454(m²)	形状（間口：奥行き）	(1:0.2.5)
利用区分、構造	建物などの敷地、S（鉄骨造）8F B2		

　そして，右上の「詳細を開く」をクリックし，下方の鑑定評価書の「詳細表示」を開くと，鑑定評価書が閲覧できます。

CHAPTER 3　そうだったのか！　地価公示の見方・活かし方

■鑑定評価書を入手■

別記様式第一　　　　　　　　鑑定評価書（平成 31 年地価公示）

平成31年1月15日　提出
中央 5-22　宅地-1

標準地番号	都道府県	所属分科会名	住所			
中央 5-22	東京都	区部第1	氏名	不動産鑑定士　浜田　哲司	印	TEL.

鑑定評価額		26,000,000,000 円	1㎡当たりの価格		57,200,000 円／㎡

1　基本的事項

(1)価格時点	平成31年1月1日	(4)鑑定評価日	平成31年1月14日	(6)路線価	［平成30年1月］路線価又は倍率	41,110,000 円／㎡
(2)実地調査日	平成31年1月4日	(5)価格の種類	正常価格		倍率種別	
(3)鑑定評価の条件	更地としての鑑定評価					

2　鑑定評価額の決定の理由の要旨

(1)標準地	①所在及び地番並びに「住居表示」等	中央区銀座4丁目2番4「銀座4−5−6」			②地積（㎡） 454		⑨法令上の規制等
	③形状	④敷地の利用の現況	⑤周辺の土地の利用の状況	⑥接面道路の状況	⑦供給処理施設の状況	⑧主要な交通施設との接近の状況	商業（80,800）防火（その他）地区計画等高度利用地区（100,1100）
	1:2.5	店舗兼事務所 S8F2B	高層の店舗事務所ビルが建ち並ぶ商業地域	南東27m国道、背面道路	水道、ガス、下水	銀座近接	

(2)近隣地域	①範囲	東　50 m、西　5 m、南　0 m、北　35 m		②標準的使用	高層店舗地	
	③標準的画地の形状等	間口　約　15.0 m、奥行　約　20.0 m、規模　300㎡程度、形状　ほぼ長方形				
	④地域的特性	特記事項	銀座4丁目交差点付近に位置する繁華性の高い一般高度商業地域	街路 27m国道	交通施設 銀座駅近接	法令規制 商業（100,800）防火地区計画等高度利用地区
	⑤地域要因の将来予測	銀座中心部において建物の建替え工事が進行中であり、外国人観光客の増加による消費需要の増大、ホテルの新規開業を受け、引き続き繁華性が向上すると予測する。地価は引き続き上昇傾向を維持すると予測する。				

(3)最有効使用の判定	高層店舗地			(5)対象標準地の個別的要因	容積率 +8.0 方路 +2.0 間口・奥行の関係 -2.0
(5)鑑定評価の手法の適用	取引事例比較法	比準価格	60,500,000 円／㎡		
	収益還元法	収益価格	49,600,000 円／㎡		
	原価法	積算価格	円／㎡		
	開発法	開発法による価格	円／㎡		

(6)市場の特性	同一需給圏は、銀座・表参道・新宿三丁目及びその周辺など、高級ブランド店・デパート・店舗ビル等が建ち並ぶ繁華性が特に高い一般高度商業地域である。需要者は相応の資本力を有する国内外の機関投資家が中心である。当該地域は銀座の中心にあって極めて稀少性は高く、潜在的需要が強い地域であるが、再開発事例や一巡後、投資採算性の低下などから、地価上昇傾向は一時頭打ち也引きつつある。需要の中心となる価格帯は100億円以上である。

(7)試算価格の調整・検討及び鑑定評価額の決定の理由	比準価格試算に当たって採用した取引事例はいずれも銀座地区中心部にある店舗地の事例で、当該価格試算に当たって採用した各請元はいずれも銀座地区中心部の実態を反映している。当地区における土地需要とは、収益目的のほか、自用店舗保有目的も考えられ、銀座住所であることはステイタス性や広告宣伝効果など考慮される。よって、比準価格を重視し、収益価格を参酌し、代表標準地との均衡に留意し、上記のとおり鑑定評価額を決定した。

(8)前年公示価格格からの検討	■代表標準地 前年標準地等番号 ［ 中央 5-29 ］		②補正修正	③標準化補正	④個別的要因の比較	⑥対象標準地の基準価格（円／㎡）	標準化補正 内訳 街路 0.0
	［前年標準地等の価格］ 40,600,000 円／㎡		［104.9］/100	100 ［108.0］	100 ［ 74.7］	100	交通・接近 0.0 環境 0.0 画地 0.0 行政 +8.0 その他 0.0
	⑧-1対象標準地の検討 ■継続 □新規 前年標準地の価格 55,500,000 円／㎡		［一般的要因］ 価格形成諸要因の変動状況	国内景気は緩やかに拡大しており、企業収益は改善している。不動産市場は好調を持続し、法人に対する金融機関の融資姿勢は依然緩和傾向にある。			
	⑧-2基準地が共通地点（指定基準地と同一地点）である場合の検討 □指定基準地　■基準地 指定基準地番号 ［ ］ 前年指定基準地等の価格（半価格）		［地域要因］	個人消費が底堅い一方、外国人観光客が増加傾向で、宿泊需要は旺盛。また、近隣・周辺地域で商業施設が相次いで開業し、集客力が向上した。			地域要因の比較 街路 0.0 交通・接近 -3.0 環境 -23.0 行政 0.0 その他

正直に申しますと，オープンデータ化は不動産鑑定士にとってはプレッシャーでもありますが，第4次産業革命と呼ばれる時代において，不動産鑑定士がオープンデータ化の流れに柔軟に対応していくことの現れです。

今後は，このオープンデータ化を通じて，より一層地価公示の情報が各方面で活用されるようになるでしょう。

63

 鑑定評価書の見方を教えて！

 宅地，宅地見込地，林地など土地の種別によって評価方法が異なるため，それぞれページ数も異なりますが，いずれも1ページ目が表題部で「鑑定評価額」のほか，その決定の理由が記載されています。

◆鑑定評価書が全ページ公開に

Q20でも述べたとおり，平成25年地価公示以降，鑑定評価書の1ページ目がインターネットを通じて公開されていたのが，平成31年から全ページとなりました（個人情報保護の観点から必要な非公表情報を除きます）。

平成31年地価公示の標準地は全国に26,000地点あります。そのうち25,878地点が宅地ですので，ここでは宅地の鑑定評価書の見方について説明します。

宅地の鑑定評価書は，書式上最大6ページが用意されています。

■ 鑑定評価書の記載内容 ■

1ページ目	・鑑定評価額 ・価格時点（判定の基準日。地価公示は各年の1月1日） ・鑑定評価の条件（地価公示では標準地上に建物等が存していても，その建物等が存しない独立のもの（更地）として評価を行う条件が付けられています。） ・鑑定評価額の決定の理由の要旨
2ページ目	・試算価格算定内訳（鑑定評価において適用した各手法の試算についてその試算価格の根拠を示すもの） ・比準価格算定内訳（標準地の評価においては，基本的に取引事例比較法が適用されるが，その他の収益還元法・原価法等は地域の特性や標準地の最有効使用等によって適用の可否が決まる）
3ページ目〜	・算定内訳（他の手法における適用の可否を含めた各種法の算定の内訳）

CHAPTER 3 そうだったのか！ 地価公示の見方・活かし方

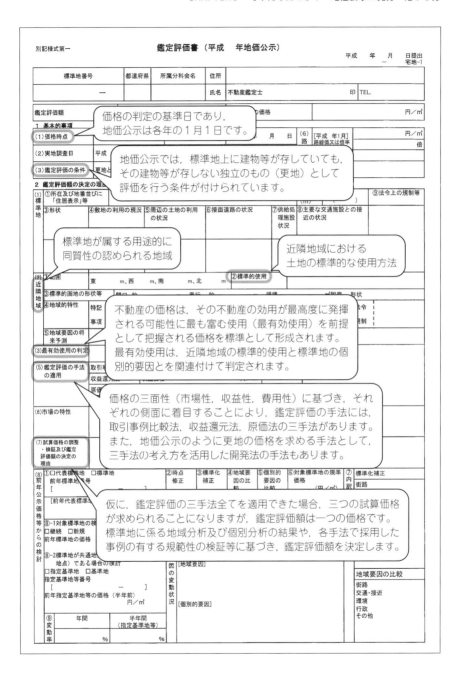

3 試算価格算定内訳 — 宅地-2

(1)比準価格算定内訳

NO	①取引事例番号	②所在及び地番並びに「住居表示」等	③取引時点	④類型	⑤地積 (㎡)	⑥画地の形	⑦接面道路の状況	⑧主要交通施設の状況	⑨法令上の規制等
a					( )				
b					( )				
c					( )				
d									
e									

> 売急ぎや買進み等の特殊な事情が認められる場合の補正

> 取引時点から価格時点までの間における価格水準の変動に対する修正

> 標準地とその属する地域の標準的画地について，個別的要因の比較を行います。

NO	⑩取引価格 (円/㎡)	⑪事情補正	⑫時点修正	⑬建付減価の補	⑭標準化補正	⑮推定価格 (円/㎡)	⑯地域要因の比	⑰標準価格 (円/㎡)	⑱個別的要因の比較	⑲査定価格 (円/㎡)
a	( )	100	100	100	100		100		街路 交通	

> 建付地の価格は，建付地上に存する建物によって影響を受けることも。事例の建付地価格と，その事例地の更地としての価格に相違が生じている場合に補正

> 例えば，事例地が角地や不整形地等の場合，その事例地が属する地域の標準的画地に合致したものに補正

| | | | その他 100 | |

NO	ア事情の内容	イ率変動率	ウ標準化補正の内訳			エ地域要因の比較の内訳		
a		％／月	街路	交通・接近	環境	街路	交通・接近	環境
			画地	行政	その他	行政		その他
b		％／月	街路	交通・接近	環境	街路	交通・接近	環境
			画地	行政	その他	行政		その他
c		％／月	街路	交通・接近	環境	街路	交通・接近	環境
			画地	行政	その他	行政		その他
d		％／月	街路	交通・接近	環境	街路	交通・接近	環境
			画地	行政	その他	行政		その他
e		％／月	街路	交通・接近	環境	街路	交通・接近	環境
			画地	行政	その他	行政		その他

オ比準価格決定の理由　　　　　　　　　　　　　　[比準価格:　　　　　　　円/㎡]

CHAPTER 3　そうだったのか！　地価公示の見方・活かし方

		－	宅地-3

(2)積算価格算定内訳

(2)-1　□原価法が適...

(2)-2　□造成宅地…

造成適地において，その造成前の土地の取得価格

①造成事例番号			所在及び地番				
③素地の取得価格 （円／㎡）	④事情補正	⑤時点修正	⑥素地の補修正後の価格 （円／㎡）	⑦造成工事費 （円／㎡）	⑧標準化補正	⑨時点修正	⑩造成工事費の補修正後の価格 （円／㎡）
	$\dfrac{100}{[\ \ ]}$	$\dfrac{[\ \ ]}{100}$			$\dfrac{100}{[\ \ ]}$	$\dfrac{[\ \ ]}{100}$	
⑪付帯費用 （円／㎡）	⑫標準化補正	⑬時点修正	⑭付帯費用の補正後の価格 （円／㎡）	⑮有効宅地化率で除した価格 （円／㎡）	⑯地域要因の比較	⑰個別的要因の比較	⑱再調達原価 （円／㎡）
	$\dfrac{100}{[\ \ ]}$	$\dfrac{[\ \ ]}{100}$		（　　　％）	$\dfrac{100}{[\ \ ]}$	$\dfrac{[\ \ ]}{100}$	

⑲熟成度修正	[　]/100	⑳積算価格	円／㎡

内訳

宅地造成直後と価格時点との間で，公共施設等や住宅の建築・整備等に伴う社会的環境の変化が見られ，価格水準にも変化が生じている場合には，価格時点の価格水準に修正します。

	月率変動率	付帯費用	標準化補正		月率変動率
	％／月				％／月
	環境		行政		その他

(3)収益価格算定内訳

(3)-1　収益還元法(直接法)の適用又は収益還元法が適用できない場合の理由

□直接法	①総収益 （円）	②総費用 （円）	③純収益 （円）	④建物に帰属する純収益 （円）	⑤土地に帰属する純収益 （円）	⑥未収入期間修正後の純収益 （円）	⑦還元利回り (r−g) （％）
						（　　　）	（　−　） ％
	⑧収益価格	円　（			円／㎡）		
	⑨収益価格が試算できなかった場合その理由						
□収益還元法が適用できない場合その理由							

以下、収益還元法適用の場合は、宅地－4（3）－2へ

(4)開発法による価格算定内訳

(4)-1　開発法の適用　□する　□しない　開発法を適用する場合の理由

①収入の現価の総和 （円）	②支出の現価の総和 （円）	③投下資本収益率 （％）	④販売単価（住宅） （円／㎡）	⑤分譲可能床面積 （㎡）	⑥建築工事費 （円／㎡）	⑦延床面積 （㎡）
⑧開発法による価格	円　（		円／㎡）			

以下、開発法適用の場合は、宅地－6（4）－2へ

67

宅地-4

(3)-2 想定建物の状況

	①用		③構造・階層	④延床面積	(㎡)

> 都市計画で定められた容積率

⑤公法上の規制等

用途地域等	基準建蔽率等	指定容積率	基準容積率等	地積	間口・奥行	前面道路、幅員等
			％			前面道路・ m

> 角地等による緩和を考慮した建蔽率

> 前面道路の幅員、特定道路までの距離等を勘案した容積率

(3)-3 総収益算出内訳

階層	①用途	②床面積 (㎡)	③有効率 (%)	④有効面積 (㎡)	⑤1㎡当たり月額支払賃料 (円)	⑥月額支払賃料 (円)	⑦a保証金等(月数) ⑦b権利金等(月数)	⑧a保証金等 (円) ⑧b権利金等 (円)
~								
~								
計								

> 「④有効面積」の「②床面積」に対する割合。
> 例えば、建物の一棟貸しの場合等、有効率が100%になることも。

> 「②床面積」のうち、賃料の生ずる床面積

⑨年額支払賃料	円 × 12ヶ月 ＝	円
⑩a共益費（管理費）	円/㎡× ㎡ × 12ヶ月 ＝	円
⑩b共益費（管理費）の算出根拠		
⑪その他の収入（駐車場使用料等）	円/台× 台 × 12ヶ月 ＋ ＝	
⑫貸倒れ損失（算出根拠、金額）		円
⑬空室等による損失相当額 （⑨＋⑩a）×空室率A(%)＋（⑪×空室率B(%)）	％ ％＝	
⑭以上計 ⑨＋⑩a+⑪−⑫−⑬		円
⑮保証金等の運用益（空室損失考慮後）	％ ＝	円
⑯権利金等の運用益及び償却額(空室損失考慮	運用利回り（ ％）	円
⑰その他の収入に係る保証金等の運用益（空室損失考慮	％ ＝	円
⑱総収益 ⑭＋⑮+⑯+⑰		（ 円/㎡）

> 標準地の想定建物と賃貸事例が存する建物について、構造、品等、築後経過年数等に基づき、一棟全体の建物に格差が生じている場合に修正

(3)-4 1㎡当たりの月額支払賃料の算出根拠 　　（　）内は支払賃料

NO	①事例番号	②事例の実際実質賃料 (円/㎡)	③事情補正	④時点修正	⑤標準化補正	⑥建物格差修正	⑦地域要因の比較	⑧基準階格差修正	⑨査定実質賃料 (円/㎡)	⑩標準地基準階の賃料
a			100	[ ] 100						対象基準階の月額実質賃料 円/㎡
b			100	[ ] 100						月額支払賃料 円/㎡
c			100	[ ] 100						基準階 F B

> 賃貸借契約に当たり、保証金や権利金等の一時金を支払っている場合には、実際の支払賃料に当該一時金の運用益や償却額を加算した賃料。

> 標準地の想定建物と賃貸事例が存する建物について、基準階賃料に格差が生じている場合に修正

CHAPTER 3　そうだったのか！　地価公示の見方・活かし方

宅地-5

(3)-5 総費用算出内訳

項　目	実額相当額	算　出　根　拠
①修繕費	円	×　　　　　%
②維持管理費	円	×　　　　　%
③公租公課	円	
	円	×　　　% ×　　　/1000
④損害保険料	円	×　　　　　%
⑤建物等の取壊費用の積立金	円	×　　　　　%
⑥その他費用	円	
⑦総費用 ①～⑥		%)

③公租公課　→　固定資産税や都市計画税

(3)-6 基本利率等

①r：基本利率	%	⑥g：賃料の変動率	%
②a：躯体割合(躯体価格÷建物等価格)	%	⑦na：躯体の経済的耐用年数	年
③b：仕上割合(仕上価格÷建物等価格)	%	⑧nb：仕上の経済的耐用年数	年
④c：設備割合(設備価格÷建物等価格)	%	⑨nc：設備の経済的耐用年数	年
⑤m：未収入期間	年	⑩α：未収入期間を考慮した修正率	

①r：基本利率　→　不動産投資家が期待する投資利回り

⑥g：賃料の変動率　→　将来の純収益の変動を収益価格に反映させる変動率

(3)-7 建物等に帰属する純収益

項　目	査　定　額	算　出　根　拠
①建物等の初期投資額	円	円/㎡×　　　㎡×(100% + 設計監理料率　%)
②元利逓増償還率		躯体部分　×　% + 仕上部分　×　% + 設備部分　×　%
③建物等に帰属する純収益 ①×②	円 (円/㎡)	

(3)-8 土地に帰属する純収益

①総収益		円
②総費用		円
③純収益　①-②		円
④建物等に帰属する純収益		円
⑤土地に帰属する純収益　③-④		円
⑥未収入期間を考慮した土地に帰属する純収益 ⑤×α		円 (円/㎡)

⑥未収入期間を考慮した土地に帰属する純収益　→　価格時点において標準地に建物を建築することを想定するため，賃料を収受できる時点との相違を考慮

(3)-9 土地の収益価格

還元利回り(r-g)　%			
円	(		円/㎡)

69

宅地-6

(4)-2 開発計画

土地

	②公共潰地(②a～②cの合計)			㎡	
①総面積	②a道路	②b公園	②cその他		③敷地有効面積(①－②)
㎡	㎡	㎡	㎡		㎡

総面積に対する割合

(%)	(%)	(%)	(%)	(%)

建物

①建築面積	②延床面積	③容積率算入床面積	④容積率不算入床面積	⑤分譲可能床面積	⑥建物構造・戸数・標準住戸
㎡	㎡	㎡	㎡	㎡	

敷地有効面積に対する割合			延床面積に対する有効率	
(%)	(%)	(%)	(%)	

公法上の規制

用途地域等	基準建蔽率等	指定容積率	基準容積率等	間口・奥行	前面道路、幅員等
	%	%	%	間口 m 奥行 m	前面道路: m 特定道路までの距離: m

(4)-3 収支計画

収入

①a販売単価		住宅	円／㎡	店舗等		円／㎡

①b販売単価の算定根拠 … 同一需給圏内の類似地域に所在する取引事例価格等を比較検討して査定

②販売総額

	販売単価	分譲可能床面積	販売総額
住宅	円／㎡ ×	㎡ =	円
店舗等	円／㎡ ×	㎡ =	円
		合 計	円

> 販売委託による仲介料又は人件費，近隣対策費，広告宣伝費等

支出

建築工事単価(単価)		設計監理料		
円／㎡ ×	(1+	%)	=	円／㎡

算定根拠

	延床面積	建築工事費(総額)
④建築工事費(総額)	㎡ =	円

⑤a開発負担金 　> 開発指導要綱等に基づき計上 　円

⑤b開発負担金の算定根拠

⑥販売管理費

	販売総額	販売管理費比率	販売管理費
	円 ×	% =	円

支出合計 ④+⑤+⑥ 　円

(4)-4 投下資本収益率

> 投下資本に対する標準的な収益率のことであり，開発計画期間内におけるキャッシュフローを価格時点へ割り戻すための率として認識

投下資本収益率の算定根拠

(4)-5 開発スケジュール

項目			価格時点からの期間
準備期間			ヶ月
建築工事(1期)	月 販売時(1期目)	月 販売管理費(1期目)	ヶ月
建築工事(2期目)			ヶ月
建築工事(3期目)			ヶ月

> 価格時点から開発許可又は建築確認を取得し着工可能になるまでの期間

(4)-6 収支の複利現価

	項目	①金額	②販売総額比	③複利現価率	④割引期間(月)	⑤複利現価(①×③)
収入	販売総額(1期)	円	(%)	×	(ヶ月)	= 円
	販売総額(2期)	円	(%)	×	(ヶ月)	= 円
	販売総額(3期)	円	(%)	×	(ヶ月)	= 円
収入合計		－	－	－	－	円
支出	建築工事費(1期)	円	(%)	×	(ヶ月)	= 円
	建築工事費(2期)	円	(%)	×	(ヶ月)	= 円
	建築工事費(3期)	円	(%)	×	(ヶ月)	= 円
	開発負担金	円	(%)	×	(ヶ月)	= 円
	販売管理費(1期)	円	(%)	×	(ヶ月)	= 円
	販売管理費(2期)	円	(%)	×	(ヶ月)	= 円
	販売管理費(3期)	円	(%)	×	(ヶ月)	= 円
支出合計		－	－	－	－	円

(4)-7 開発法による価格

収入の現価の総和	支出の現価の総和	開発法による価格
円 －	円 =	円
		円／㎡

 地価LOOKレポートって？

　　地価LOOKレポートとは，国土交通省が実施している主要都市の地価動向を先行的に表しやすい高度利用地等の地区について，四半期毎に地価動向を把握することにより先行的な地価動向を明らかにするものです。

◆地価のベクトルがわかる

　要約すると，東京，大阪，名古屋や地方県庁所在地等の繁華街や住宅地における地価のベクトル（上昇傾向・横ばい・下落傾向）を3カ月に一度（毎年1月1日，4月1日，7月1日，10月1日），国が公表する制度です。

国土交通省地価LOOKレポートホームページ

◆3カ月に1度の公表

　これまで説明したような地価公示制度があるのにもかかわらず，なぜ地

価LOOKレポートがあるのでしょうか？　公表される地価指標には地価公示価格，財産評価基準書による路線価等がありますが，基本的には１年に１度の公表です。

　しかし，三大都市や地方中核都市等における地価は経済情勢等の変化に敏感に反応します。たとえば，平成31年地価公示において，大阪府中央区日本橋の公示地が年間約44％の上昇率を示しました。単純に考えれば，３か月ごとに約１割ずつ地価が上昇することになります。

　上昇要因としては，外国人観光客の増加に伴う，店舗需要の増加や賃料の上昇などが影響しています。こうした地価変動率の高い繁華街においては，１年に１度の地価公示のみでは，土地取引の指標としては不十分である場合があります。そこで，大都市の主要な地点において，地価の動向を不動産鑑定士を通じて把握し，切れ目のない地価の趨勢が公表されているのです。

◆ 地価LOOKレポートと不動産鑑定士

　では地価LOOKレポートはどのように調査しているのでしょうか？　地価LOOKレポートは地価公示と同様に不動産鑑定士が調査しています。

　不動産鑑定士は調査対象になっている都市における，不動産取引の傾向や賃料の動向等の不動産市場を形成する情報を収集し，不動産鑑定評価に準じた方法によって地価の動向をつかみ，その結果を国土交通省において集約して公表します。その過程では，各調査地区の不動産企業や金融機関等への取材結果も公表しています。

◆ 調査が行われるエリア

　地価LOOKレポートは地価公示を補完する機能も持つ不動産統計です。しかしながら，地価公示と同様に全国くまなく調査が行われているわけで

CHAPTER 3　そうだったのか！　地価公示の見方・活かし方

はありません。具体的には，不動産取引が活発で，地価の変動が大きな大都市圏や地方県庁所在地を中心に全国で約100地区（2019年1月時点・商業系68地区・住宅系32地区）で行われています。みなさんのお住まい・おつとめのエリアでも，地価LOOKレポートが公表されているか，是非調べてみてください。

◆地価LOOKレポートの調べ方

では，みなさんが地価LOOKレポートの内容を知りたいときに，どのように調べたらよいでしょうか？　地価LOOKレポートは国土交通省のホームページ（http://www.mlit.go.jp/totikensangyo/index.html）で公表されています。その公表内容は，前回公表時以降の四半期間における全国・圏域別・用途別の地価推移の概況が記載されています。

■全地区の総合評価推移■

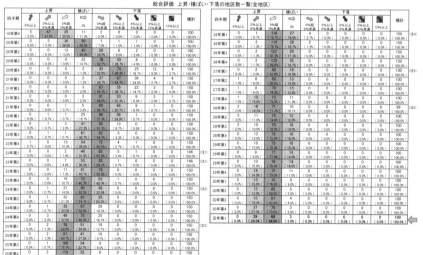

※四半期は，第1：1/1～4/1，第2：4/1～7/1，第3：7/1～10/1，第4：10/1～1/1　※数字は地区数，（　）はその割合　※■■■は，各期・各圏域ごとに最も地区数の多い変動率区分，■■■は，2番目に地区数の多い変動率区分

さらに各地区の詳細情報として，各調査対象地区の取引価格・取引利回りの動向やオフィス・店舗賃料・分譲マンション価格の上昇・下落といった傾向を一覧に記載し，加えて不動産鑑定士が独自に調査した各地区の地価動向を形成するトピックを記載しています。

■各地区の詳細情報■

主要都市の高度利用地地価動向報告（H31.1.1～H31.4.1）

都道府県	都市名	行政区	区分	地区	総合評価	詳細項目の動向（記号は「各地区の詳細情報の見方」を参照）						項目	不動産鑑定士のコメント
						A 取引価格	B 取引利回り	C オフィス賃料	D 店舗賃料	E マンション分譲価格	F マンション賃料		
東京都	区部	千代田区	商業	丸の内	0～3%上昇　前期 0～3%上昇	△	▽	△	□	―	―	地価動向	当地区及び周辺におけるオフィスは，安定的な需要を底支えにリーシングは好調で，空室率は依然として低水準を維持しており，新規賃料は引き続き若干の上昇傾向にある。売買市場においては，オフィスへの投資需要は引き続き高いものの投資適格物件の供給がかなり限定されており，依然として競合は激しく，過熱感は指摘されつつあるものの建物を含む投資物件の取引利回りはやや低下傾向で推移し，その影響を受け，地価動向は引き続きやや上昇傾向で推移している。当地区はわが国を代表するオフィスエリアであり，今後予定されている複数の大規模オフィスビルの竣工により事務所集積がさらに進み，国内経済の中枢をなす事務所地域としての位置づけはさらに際立ったものになることが期待される。低水準を維持する空室率や大型物件が高稼働で竣工を迎えるなど当地区を取り巻く環境が良好なこともあり，大手法人投資家や不動産会社等からの需要は底堅く，将来の地価動向は引き続きやや上昇傾向が続くと予想される。
				路線，最寄駅，地域の利用状況など地区の特徴									東京駅丸の内口周辺に位置し，日本を代表するオフィス街として高層の大規模ビルが建ち並ぶ業務高度商業地区。

74

主要都市の高度利用地地価動向報告（H31.1.1～H31.4.1）

都道府県名	都市名	行政区	区分	地区	総合評価	詳細項目の動向 （記号は「各地区の詳細情報の見方」を参照）						項目	不動産鑑定士のコメント
						A 取引価格	B 取引利回り	C オフィス賃料	D 店舗賃料	E マンション分譲価格	F マンション賃料		
東京都	区部	千代田区	商業	有楽町・日比谷	⇨ 0〜3% 上昇 前期 ⇨ 0〜3% 上昇	△	▽	△	□	—	—	地価動向	オフィス賃貸市場は築年を問わずリーシングが好調であり、引き続き新規賃料はやや上昇傾向にある。東京駅周辺でオフィスビルの大量供給があったがいずれも高稼働で竣工をむかえており、依然として空室率は低い水準を維持している。知名度の高さから当地区に対する不動産会社等の開発意欲や法人投資家等の投資意欲は非常に高く、取引利回りも引き続きやや低下傾向にある。当地区周辺では建築中のオフィス・ホテルがあり、更なる就業者・来街者数の増加が期待され、テナント等の需要増加が期待できる。以上から、地価動向は引き続きやや上昇傾向で推移している。 当地区は投資対象としての信頼性、安定感、将来性に優れる等の特性を持ち、空室率が低い等の好調な賃貸市況を下支えに、大手法人投資家や不動産会社等からの需要が見込まれ、オフィス・ホテル等の建築による繁華性の更なる向上も期待されることから、当地区の将来の地価動向は、当面やや上昇傾向が続くと予想される。
路線、最寄駅、地域の利用状況など地区の特徴													JR山手線の有楽町駅周辺。晴海通り沿いを中心に大規模高層店舗兼事務所ビル、ホテル・遊興施設等が建ち並ぶ銀座隣接の高度商業地区。

CHAPTER 4

そうだったのか！
専門家の
地価公示の活かし方

日本経済の安定のために，地価公示データを各専門家が活用しています。

 税理士は地価公示データを
どう使う？

 土地の相続や贈与を受けたときに支払わなければいけない，相続税・贈与税の税額計算の参考にします。
　また，不動産を持っている人や会社が支払う必要がある固定資産税の計算の参考にします。

◆税理士と地価公示データ

　税理士は，税金の申告手続きを行います。相続税や贈与税の申告にあたっては一般的に相続税路線価が用いられますが，相続税路線価は，地価公示価格の水準の80％程度で評価されており，その均衡化・適正化が図られています。

　また，固定資産税の計算にあたっては，固定資産税路線価が用いられますが，固定資産税路線価は，地価公示価格の70％が目安となっています。

◆相続税

　相続税（相続にかかる税金）とは，被相続人（亡くなった方）の遺産（相続財産）を相続で受け継いだ場合や，遺言によって遺産を受け継いだ場合に，その遺産総額となる金額が大きいとかかる税金で，金額に応じた相続税率が適用されます。不動産に関連する対象資産としては，土地や建物があります。相続税は，一定の金額以上の資産を相続した場合にかかるものですが，不動産は，金額が大きくなることが多いため，その評価は，相続税の金額に影響を与えます。また，相続税の納税は，原則として，申告期限の10カ月以内に現金一括払いであり，不動産の評価額が高額で，現金が

CHAPTER 4 そうだったのか！ 専門家の地価公示の活かし方

多くない相続の場合などは，納税資金を工面する必要が生じてきます。

◆ 相続税路線価

　路線価は，土地の価格の指標の一つで，相続税等の税額計算で土地の価格を決めるために使われます。

　土地の売買では個別に価格が決められます。そして相続税等の計算に使う土地の価格も同様に，個別に時価を求めることが原則です。ただし，多くの納税者間で公平になるように，一定のルールとして路線価に基づく価格の計算方法が定められています。路線価には，「相続税路線価」と「固定資産税路線価」があります。相続税・贈与税の計算に使うのは「相続税路線価」です。単に「路線価」と呼ぶ場合は，この「相続税路線価」をさします。

　P14でも述べましたが，相続税路線価は国税庁が毎年7月頃に発表します。土地の価格を計算するときは，申告する年ではなく相続や贈与があった年の路線価を使う必要があります。そのため，1月に相続や贈与があった場合は発表まで半年間待たなければなりません。

■相続税路線価■

80%の水準となる

公示地価

相続税
路線価

ここで，路線価が発表される前におおよその見当をつける方法として，4月に発表される「地価公示価格」を参照することができます。地価公示価格は公共事業で取得する土地の価格の算定根拠となるもので，路線価と同じく1月1日時点の価格が発表されます。地価公示価格が前年に比べて高くなっていれば，路線価も高くなることが予想されます。理論的には，地価公示価格が100であれば路線価が80という具合に，同一の場所であれば路線価は公示地価の80％の水準となります。

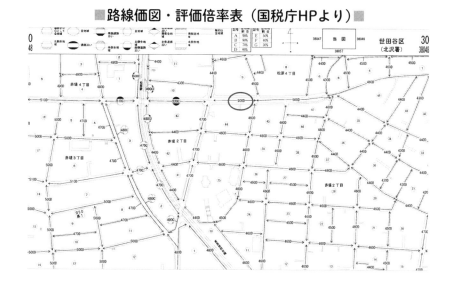
■路線価図・評価倍率表（国税庁HPより）■

　路線価図は，1平方メートル当たりの価額を千円単位で表示しています。
　上の図で，丸で囲まれている「500D」という値は，1平方メートル当たり500,000円を表します。Dという記号は借地権割合を表しており，この場合の借地権割合は60％になります。

CHAPTER 4　そうだったのか！　専門家の地価公示の活かし方

◆固定資産税

　固定資産税は，毎年１月１日（「賦課期日」といいます）現在，土地等の
固定資産を所有している人が，その固定資産の価格をもとに算定された税
額をその固定資産の所在する市町村に（東京23区は都に）納める税金です。
固定資産税は他の税金と違って「賦課課税方式」となっており，役所が税
額を計算し，納税者に納税通知書を送付します。

◆固定資産税路線価

　P14で述べたとおり，相続税路線価は国税局・税務署が決定しますが，
固定資産税路線価は，各市町村（東京23区は都）が決定します。固定資産
税路線価の評価基準日は相続税路線価と同じ１月１日です。各市町村は固
定資産の価格である「固定資産税評価額」などを毎年３月31日までに算定
し，その後すみやかに固定資産税路線価を発表するように定められていま
す。ただし，この固定資産税路線価は原則として３年ごとに見直されます
ので，１度算定されれば原則として，３年間は同じ額となります。しかし，
例外として土地の価格が下落した場合は，見直しの年を待たずに下落修正
が行われることもあります。
　先に紹介した，相続税路線価と同じ地域ですが，価額が低くなっている
ことがわかります。

■固定資産税路線価（東京都主税局HPより）

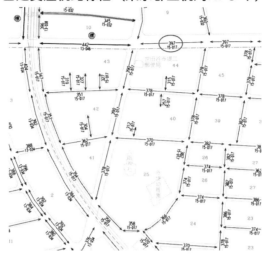

CHAPTER 4　そうだったのか！　専門家の地価公示の活かし方

# 公認会計士は地価公示データをどう使う？

　企業が保有する不動産の価格は，投資家の意思決定を左右する重要なものになります。そのため，不動産価格の著しい下落等の有無を確認する目的で利用することがあります。

◆公認会計士と不動産価格

　公認会計士は，企業の財務諸表監査を行います。財務諸表には，さまざまな情報が含まれており，その中でも，企業が保有する不動産の価格は，投資家の意思決定に重要な影響を与えます。そのため，「固定資産の減損に係る会計基準」（企業会計審議会）や「棚卸資産の評価に関する会計基準」（企業会計基準第9号），「販売用不動産等の評価に関する監査上の取扱い」（監査・保証実務委員会報告第69号）等において，一定の場合に，不動産の価格が下落していることを財務諸表に反映することが定められています。

　公認会計士が行う財務諸表監査において，このルールが守られているかを確認するために，地価公示データを利用することがあります。

◆財務諸表監査

　財務諸表監査とは，公認会計士又は監査法人が財務諸表に対して行う会計監査のことを言います。企業は，会社の財政状態及び経営成績を財務諸表という報告書により，株主や債権者等の利害関係者に報告する必要があります。ここで，企業が虚偽の報告をしていないかをチェックするのが，財務諸表監査になります。

83

◆ 固定資産の減損に係る会計基準

「固定資産の減損に係る会計基準(以下,「減損基準」といいます。)」は,企業が保有する固定資産(販売目的以外で保有する,土地や建物等)の価値が下落している場合に,財務諸表に価値の下落を反映することを定めている基準です。一般的に,「固定資産の減損会計」と言われるものです。この固定資産の減損会計は,以下の流れで適用されます。

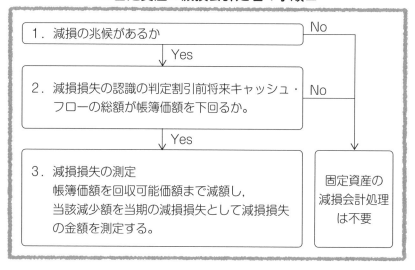

CHAPTER 4　そうだったのか！　専門家の地価公示の活かし方

◆固定資産の減損会計と地価公示データの利用

　前頁図の減損の兆候の具体例として，減損基準では，以下のものが示されています。

■減損の兆候■

①　資産又は資産グループが使用されている営業活動から生ずる損益又はキャッシュ・フローが，継続してマイナスとなっているか，あるいは，継続してマイナスとなる見込みであること

②　資産又は資産グループが使用されている範囲又は方法について，当該資産又は資産グループの回収可能価額を著しく低下させる変化が生じたか，あるいは，生ずる見込みであること

③　資産又は資産グループが使用されている事業に関連して，経営環境が著しく悪化したか，あるいは，悪化する見込みであること

④　資産又は資産グループの市場価格が著しく下落したこと

（出典）固定資産の減損に係る会計基準（二減損損失の認識と測定　1．減損の兆候より抜粋）

　上記は，固定資産の減損会計の具体的な手続きを行う必要があるかを判定する最初のステップであり，すべての固定資産が対象となります。

　ここで，④資産又は資産グループの市場価格が著しく下落したことの確認において，企業が保有する土地の時価を調べる必要がありますが，この段階で，不動産鑑定評価を取得することは，企業にとって多大なコスト負担となるため，通常は実施しません。

　そのため，簡便的な手法として，地価公示データその他の情報を利用し，市場価格が著しく下落しているかどうかをチェックします。

　公認会計士は，財務諸表監査で，企業が用いた地価公示データが正しいかを確認します。また，その他の情報による市場価格が用いられている場合には，地価公示データと照らし合わせることにより，当該データが正し

85

いかを確認します。

◆棚卸資産の評価に関する会計基準

「棚卸資産の評価に関する会計基準」は，企業が保有する棚卸資産（販売目的で保有する商品等）の価値が下落している場合に，財務諸表に価値の下落を反映することを定めている基準です。具体的には，正味売却価額が取得原価（購入額等）よりも下落している場合には，正味売却価額まで切り下げを行う必要があります。

特に，不動産販売業者が保有する販売用不動産等については，金額が大きくなるため，具体的な指針として「販売用不動産等の評価に関する監査上の取扱い」（監査・保証実務委員会報告第69号）が定められています。

◆販売用不動産等の評価に関する監査上の取扱い

販売用不動産等には，企業が保有する販売用不動産，開発事業等支出金（開発後に販売する不動産に対して，既に支払った金額）が含まれます。

これらの正味売却価額は，以下のように算定します。

■正味売却価額の算定式■

販売用不動産の 正味売却価額	＝	販売見込額	－ 販売経費等見込額
開発事業等支出金 の正味売却価額	＝	完成後販売見込額	－ （追加造成費， 販売経費等見込額）

◆販売見込額の基礎となる土地の評価額

上記の販売用不動産等の販売見込額の基礎となる土地の評価額としては，

以下のものが例示されています。

■土地の評価額の例■

- ・「不動産鑑定評価基準」に基づいて算定された価額
- ・地価公示価格
- ・都道府県基準地価格
- ・路線価による相続税評価額
- ・近隣の取引事例から比準した価格
- ・収益還元価額

　いずれも，不動産の鑑定評価と関連が深いものになり，地価公示データも含まれています。

 弁護士は地価公示データを
どう使う？

 遺産分割や賃料の相談等の不動産に関する相談や依頼の際に，相談者や依頼者に適切なアドバイスができるように，地価公示データを利用しています。また，土地についての訴訟（裁判）を提起する際にも間接的にではありますが，地価公示データを利用しています。

◆ 遺産分割における利用

① 不動産の相続

ある人（被相続人）が亡くなった場合，一定の親族関係にある人（相続人）が相続をします。被相続人が遺した相続財産の中に土地等の不動産が含まれる場合，その土地を誰がどのように相続するかでもめるケースはよくあります。

相続財産である土地をどのように分けるのかという土地の相続の仕方（不動産の相続方法）や，一方が土地を取得し，他方に金銭を支払う場合の支払額を決める基準として土地の価格が問題となります。

② 不動産の相続方法

遺産分割を行う場合，不動産をどのように分割するかは，協議等によって決定することになります。協議等によって土地の分割を決める方法としては，次のとおり現物分割，換価分割，代償分割の3つがあります。

CHAPTER 4　そうだったのか！　専門家の地価公示の活かし方

■分割方法と概要■

現物分割	相続財産自体を実際に分割して相続することをいいます。たとえば，ある土地を所有していた夫が妻と子を遺して亡くなった場合，その土地を妻と子で半分ずつ分割して所有することになります。
換価分割	相続財産自体を売却して金銭にした後，これを相続人の間で分けることをいいます。たとえばある土地を所有していた夫が妻と子を遺して亡くなった場合，その土地を売却して得たお金を妻と子で分けることになります。
代償分割	相続財産自体を特定の相続人に対して相続することとし，当該相続人が他の相続人に対して金銭を支払って分割する方法をいいます。たとえば，ある土地を所有していた夫が妻と子を遺して亡くなった場合，妻一人が土地を単独で所有し，妻から子へお金を支払って分割することになります。

③　当事者の合意

　遺産分割に当たっては，遺産分割協議，遺産分割調停，審判等の手続きを行うことになりますが，土地の評価額について，当事者全員の合意があれば，それが著しく不相当でない場合には，当該合意した金額が土地の評価額となります。

　そのため，弁護士としては，依頼者から遺産分割の相談の中に土地がある場合には，当該土地の適正な額の一つの指標として，地価公示データを利用して，遺産分割手続を進めることになります。

　なお，当事者間で土地の評価額について争いがある場合には，不動産鑑定評価等を行い，土地の評価額を決定することとなります。

◆賃料の相談における利用

①　賃料増減額請求権とは

　建物所有目的の土地等の賃貸借契約は，長期にわたるものになり，当初決めた賃料が不相当になることがあるため，一方当事者の意思表示で，将来に向かって賃料を増減できる権利が借地借家法により認められています。これは裁判外でも行使できる権利ですが，当事者間で増減額について協議が整わない場合には，裁判所に相当な増減額の判断を求めることができま

89

す。

② 賃料増減額請求と地価公示

　借地の賃料については，「土地に対する租税その他の公課の増減により，土地の価格の上昇若しくは低下その他の経済事情の変動により，又は近傍類似の土地の地代等に比較して不相当となったとき」（借地借家法11条 1 項）に増減請求できると規定されています。

　そのため，弁護士は，借地の賃料増減額に関する相談の際には，土地価格の推移が一つの指標となることから，地価公示価格の推移，すなわち，契約締結時等から現在に至るまで地価公示価格がどのように変動しているかを把握して，依頼者の相談に乗ることになります。

　具体的には，地価公示価格が上昇しているのであれば，賃料を増額する一つの要素になりますし，地価公示価格が下落しているのであれば，賃料を減額する要素になります。

　ただし，賃料の増減額は地価公示価格のみによって決定するのではなく，他の様々な諸要素も考慮したうえで決定されることになります。

◆訴状に添付する印紙額の基準としての利用

　弁護士は，他人の法律上の紛争に関する相談や依頼を受けることから，その紛争について裁判所に訴訟（裁判）を提起することがあります。

　弁護士が訴訟を提起する際には，訴訟目的物の価格に応じた金額の印紙を納付する必要があり，土地等の不動産が紛争の目的物になっている場合（取得時効を理由とする所有権確認や賃貸借契約終了に基づく土地の明渡し請求等）では，次の図のとおり固定資産評価額を基準として，訴訟の目的物の価格が決定されることになっています。そして，固定資産評価額は，地価公示価格の 7 割と決められています。

　そのため，弁護士が土地についての訴訟を提起する際には，間接的にで

はありますが，地価公示データを利用していることになります。

■訴訟の目的物の価格の決定■

訴えの種類・目的	訴額の算定方法	疎明方法等
所有権	目的物の価格の全額	不動産，船舶，建設機械等のうち，固定資産評価額があるものの価額は，その評価額とする。価額の疎明は，固定資産評価証明書による（※但し，土地については平成6年4月1日から当分の間，その価格の2分の1）。 結局ここでは，評価額の2分の1が訴額として計算される
賃借権	目的物の価額の2分の1	目的物の価額の疎明方法等は上記参照

市区町村は地価公示データを
どう使う？

A　市町村（東京23区は都，特別区では市（政令指定都市））が課税している固定資産税の土地の評価，用地を買収する際の土地の評価，公有地を売却する際の土地の評価などに地価公示データが活用されています。

◆固定資産税の土地評価

　固定資産税は毎年1月1日時点で土地，家屋，償却資産を所有している人が，その固定資産の価格を基に算定された税額を市町村（東京23区は都，特別区では市（政令指定都市））に収める税金です。

　固定資産税の価格とは「適正な時価」です。土地，特に宅地については，そのベースとなる標準宅地の適正な時価を求めるために地価公示価格，基準地価格，不動産鑑定士の鑑定評価から求められた価格等を活用することとし，これらの価格の7割を目途として評価しています。

　公的土地評価のなかでは，固定資産税評価額だけではなく相続税路線価も地価公示価格の8割を目途としており，公的土地評価には地価公示の制度が基になっているといえます。

　このように市町村（東京23区は都，特別区では市（政令指定都市））の固定資産税担当の部署では，土地，特に宅地の評価にあたり，地価公示制度と深い関係にあります。

◆用地買収

　市区町村が市道などの道路の新設や拡張，あるいは公共施設の建設など

CHAPTER 4　そうだったのか！　専門家の地価公示の活かし方

をするために，民間が所有する土地を買収することがあります。用地買収と呼ばれますが，買収する土地の所有者に不利益が生じないように正常な価格で買い取ることが求められます。

憲法29条では国民の財産権は「侵してはならない」と厳格に保護されていますが，一方で「私有財産は正当な補償の下に，これを公共のために用いることができる」とも規定されています。

つまり，私有財産の用地買収については，正当な補償の下に買い取る必要があり，用地対策連絡会の「公共用地の取得に伴う損失補償基準」では，土地の取得に係る補償として，第9条第2項に「地価公示法第2条第1項の公示区域内の土地を取得する場合において，当該土地の正常な取引価格を決定するときは，公示された標準地の価格を規準とする」と規定されています。このように，正当な補償で土地を買い取るために，買収の際には地価公示を活用して補償額を決めることを明確にしています。

以上のように，市区町村の用地買収担当の部署でも，土地の評価にあたり，地価公示制度と深い関係にあります。

◆公有地の売り払い

市区町村が有する財産のなかには，さまざまな理由で使われなくなった遊休資産があります。どこの市区町村でも遊休資産を売り払うことを考えています。これは一般家庭の家計と同様で，使っていないものは処分してしまおうという発想です。

しかし，公有地を売却する場合には，市民などの共有財産を処分することになりますので，一般家庭のように，身近な知り合いに売り払うというわけにはいきません。市区町村によって売り払う方法は異なりますが，通常は一般競争入札により，最も高い価格を提示した者に売り払うことにしています。ただし入札の場合，その落札価格が適正な価格であるかどうかを検証する必要があります。市民などの共有財産を市民が納得する価格で

93

処分することが求められるので，市区町村の職員は地価公示価格などを活用して判断しています。

このように市区町村の管財や財務担当の部署でも，土地の評価にあたっては地価公示制度と深い関係にあるといえます。

また，近年話題となっている「空き家問題」や「所有者不明土地問題」についても，地価公示制度を活用して正確な資産価値を判断し，有効な活用などの検討などによって，市区町村の役に立つのではないかと思われます。

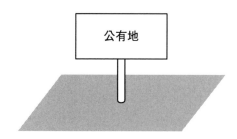

CHAPTER 4 そうだったのか！ 専門家の地価公示の活かし方

Column
不動産鑑定士の勤務先

　不動産鑑定士の勤務先は，不動産鑑定業が約64％，不動産業が約14％と不動産関係だけで8割程度を占めています。

　一方で金融関係にも1割程度が所属しており，今後は，不動産の証券化などの影響により，この傾向がさらに強まるものと思われます。

 不動産鑑定士は地価公示データをどう使う？

 不動産鑑定士が不動産鑑定評価を行うにあたっては，地価公示価格を規準として鑑定評価額を決定しています。

◆地価公示法

地価公示制度の根拠法令である「地価公示法」(昭和44年6月3日法律第38号)には，公示価格の効力として，第8条に「不動産鑑定士は，公示区域内の土地について鑑定評価を行う場合において，当該土地の正常な価格を求めるときは，公示価格を規準としなければならない」と規定されています。

◆不動産鑑定評価基準

また，不動産鑑定士が不動産の鑑定評価を行うにあたって拠り所となる，国土交通省の「不動産鑑定評価基準」には，第8章「鑑定評価の手順」の第9節「鑑定評価額の決定」のなかに「地価公示法施行規則第1条第1項に規定する国土交通大臣が定める公示区域において土地の正常価格を求めるときは，公示価格を規準としなければならない」と規定されています。

なお，地価公示法施行規則第1条第1項に規定する国土交通大臣が定める公示区域とは「都市計画区域及び土地取引が相当程度見込まれる区域で国土交通大臣が定めるもの」です。

また，「不動産鑑定評価基準」の第9章「鑑定評価報告書」の第2節

「記載事項」のⅦ「鑑定評価額の決定の理由の要旨」として「公示価格との規準に関する事項」を鑑定評価書に記載することが規定されています。

なお，鑑定評価の対象となる不動産と規範性の高い地価公示が無い場合には，都道府県地価調査の価格（基準地価格）を使う場合もあります。

このように，不動産鑑定士が不動産の鑑定評価額を決定する際には，地価公示価格を規準としなければなりません。つまり，国がお墨付きを与えている地価の指標を活用することで，鑑定評価額の信憑性を確かなものにさせているわけです。

◆ 公示価格を規準とする方法

不動産鑑定士が不動産鑑定評価のなかで，鑑定評価額を決定するために公示価格を規準とする方法は，鑑定評価の手法の一つである取引事例比較法と同様の方法によります。

取引事例比較法とは，鑑定評価基準では「まず多数の取引事例を収集して適切な事例の選択を行い，これらに係る取引価格に必要に応じて事情補正及び時点修正を行い，かつ，地域要因の比較及び個別的要因の比較を行って求められた価格を比較考量し，これによって対象不動産の試算価格を求める手法」とされています。

国土交通省のホームページに掲載されている「地価公示制度の概要」での取引事例比較法イメージ図は次ページの図のとおりです。

つまり，これと同様に，鑑定評価額を決定するにあたっては，評価の対象となる不動産と規範性の高い地価公示地（標準地）を選びます。そして，地価公示の価格基準日は1月1日ですから，鑑定評価の価格時点まで時点修正をして，対象不動産と地価公示地点の地域要因（道路幅員，最寄り駅への距離など）を比較した価格に，評価対象不動産の個別的要因（角地，

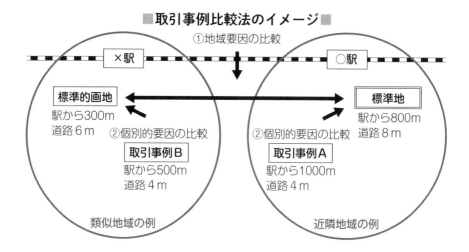

不整形など)の各差修正率を乗じて「規準価格」を求めるのが一般的なやり方です。

　以上のように，不動産鑑定士が不動産鑑定評価を行う際にも地価公示価格を活用しています。不動産鑑定士の行う不動産鑑定評価は，不動産の取引の際に参考とされるだけではなく，J-REITなどの投資の参考や企業会計にも活用されますので，わが国の経済活動に対して地価公示制度は大きな影響力を有しているといえます。

CHAPTER 4　そうだったのか！　専門家の地価公示の活かし方

Column

不動産鑑定士の年収

　不動産鑑定士の年収は，厚生労働省が公表している「賃金構造基本統計調査」の職種別の「不動産鑑定士（企業規模10人以上）」によると，平均年収は700万円程度です。

　また，勤務時間につきましては，企業規模10人以上の不動産鑑定士の月間の平均勤務時間は170時間程度です。平成23年以降は月間の超過勤務は10時間未満になっています。

　不動産鑑定士の仕事につきましては，連合会の広報委員会の編著『先輩に聞いてみよう！　不動産鑑定士の仕事図鑑』（中央経済社）に詳細に説明されていますので興味を持った方はぜひお手にとってみてくださいね。

CHAPTER 5

考えてみよう！
将来の地価

地価公示データは50年分たまっています。
そこから将来予測は可能でしょうか。

 50年で地価はどう変わった？

 　地価公示価格の推移を見てみましょう。50年で地価はどう変わったのでしょうか。

◆ 地価公示価格の推移

　全国の住宅地価格は昭和45年から昭和53年ごろまでは，1㎡当たり平均約5万円前後でほぼ安定していましたが，その後上昇し平成3年のバブル時代のピーク時には，1㎡当たり約31万円まで上昇しました。ところが，バブル経済の崩壊とともにその後住宅地価格は下落傾向となり，平成31年には，昭和59年ごろの水準となっています。

■地価公示の施行（昭和45年）以降の出来事■

昭和45年	いざなぎ景気が終焉，日本万国博覧会
昭和47年	日本列島改造論，札幌オリンピック，沖縄返還
昭和48年	第1次オイルショック
昭和54年	第2次オイルショック
昭和61〜平成3年	バブル景気
昭和62年	国鉄分割民営化
昭和64（平成元年）	消費税施行（3％）
平成3年	湾岸戦争勃発
平成7年	阪神・淡路大震災，地下鉄サリン事件
平成10年	長野オリンピック
平成11〜12年	ITバブル
平成13年	アメリカ同時多発テロ事件
平成20年	リーマンショック
平成23年	東日本大震災
平成25年	2020東京オリンピック・パラリンピック開催決定

CHAPTER 5　考えてみよう！　将来の地価

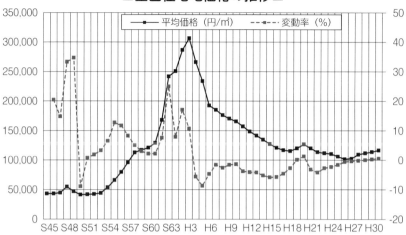

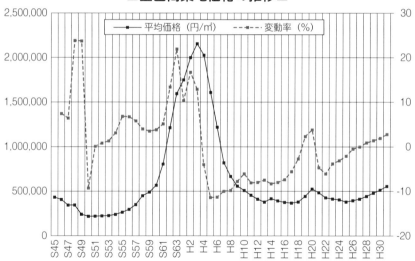

　昭和45年における全国の商業地の平均価格は1㎡当たり約43万円前後で，その後昭和60年ごろから上昇し，バブル時代のピーク時においては，1㎡当たり約216万円まで上昇しました。住宅地価格と同様に，バブル経済の崩壊とともにその後長期下落傾向となり，平成31年には，昭和59年ごろの

103

価格水準となっています。

◆景気と地価の関係は？

地価は景気などの影響を受けて常に変動しているのはご存知だと思います。では，今まで蓄積したデータから分析すると景気と地価の関係はどのように推移しているのでしょうか。例えば「日経平均株価」と「地価公示価格（全用途）」の推移のグラフを重ね合わせてみました。連動性を見いだせる部分と，そうでない部分がありますが，このグラフからは概ね以下のことが見えてきます。

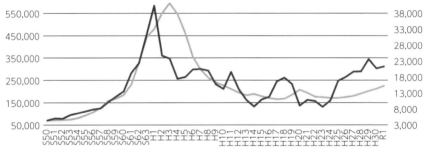

① 地価の変動は株価の変動に連動している。
② 地価のピーク（H3年）は，日経平均株価のピーク（H１年）よりもやや遅れている。
③ 最近の日経平均株価はH24年以降，上昇傾向にあるが，それに連動するように地価も緩やかに上昇傾向にある。

ここでは代表例として日経平均株価を指標として取り上げましたが，他の経済指標も地価との関連性を有しているものがあると考えられます。これらの関係を分析して，景気動向と地価の変動を科学的に解明する試みは，

大学や研究機関などで昔からよく行われてきました。このように，50年間分の地価公示データは研究などのアカデミックな分野にも幅広く活かされています。

# Q㉙ 最近の地価変動のトピックとは？

　地価公示の公表のなかで，国土交通省は特徴的な地価の変動が認められる地点を紹介しています。それを見ると，さまざまな理由で地価が変動していることがよくわかります。

　たとえば平成31年地価公示では，「物流施設等の需要の高まり」や「観光・リゾート需要の高まり」あるいは「インフラ整備，再開発事業等の進展」などを理由として，地価が大きく上昇した地点が認められます。

◆物流施設等の需要の高まり

　道路の拡幅や高速道路の一部開通などの影響によって，アクセスが改善され，その結果，物流施設等の需要が高まった地域では，地価公示において地価の上昇が認められます。

■沖縄県■

沖縄におけるバイパス道路整備の進展等による物流施設需要［沖縄県豊見城市］　豊見城9-1　59,800円/㎡（28.6%上昇）

　豊見城市では，国道331号線バイパス（豊見城道路）の４車線化（平成28年３月）により，那覇市街・那覇空港等への交通アクセスが向上するとともに，那覇港周辺の工業地に比べ相対的に割安であることから，物流施設需要が強く，引き続き地価が上昇しています。

　平成31年地価公示では，全国の工業地の地価公示地点のなかで，最も高い上昇率を示しました。

CHAPTER5 考えてみよう！ 将来の地価

■京都府■

高速道路網整備の進展等による物流施設需要［京都府久御山町］ 久御山9-1 87,000円/㎡（16.0%上昇）

第二京阪道路と京滋バイパスが交差する久御山ジャンクション周辺では，新名神高速道路の一部開通もあって，工業地としての利便性が高まっていることから，不動産に対しての需要が強く，地価が上昇しています。

平成31年地価公示では，全国の工業地の地価公示地点のなかで，第6位の上昇率を示しました。

◆観光・リゾート需要の高まり

観光客が増加することによって，その地域が活性化され，その結果として観光・リゾート地の需要が高まった地域でも，地価公示において地価の上昇が認められます。

■北海道■

北海道のスキーリゾート地域における賃貸住宅・店舗等の需要［北海道倶知安町］倶知安-3 75,000円/㎡（50.0%上昇）

ニセコ観光圏の一翼を担う倶知安町では，外国人観光客の増加，北海道新幹線等の建設工事の進捗により，市街地における店舗需要やリゾート施設従業員・建設作業員等の宿舎需要が盛んになり，外国人による別荘地等としての需要も見られることから，引き続き地価が上昇しています。

平成31年地価公示では，全国の住宅地の地価公示地点のなかで，最

107

も高い上昇率を示しました。

■京都府■

京都を代表する繁華街における店舗需要東［京都府京都市東山区］
東山5-7　2,800,000円/㎡（43.6%上昇）

　外国人をはじめとする観光客で賑わう四条通の祇園町では，店舗等
の出店意欲が旺盛なことから，引き続き地価が上昇しています。
　平成31年地価公示では，全国の商業地の地価公示地点のなかで，第
4位の上昇率を示しました。

◆インフラ整備，再開発事業等の進展

　新駅設置や駅周辺整備によって利便性が向上し，その結果として地価公
示において地価の上昇が認められます。

■大阪府■

新駅設置による利便性の向上［大阪府箕面市］箕面-11　167,000円/
㎡（19.3%上昇）

　北大阪急行線延伸（2020年度を予定）により設置される新駅周辺で
は，都心への接近性向上と商業施設の充実により生活利便性が高まっ
ていることから，住宅需要が強く，地価が上昇しています。
　平成31年地価公示では，大阪の住宅地の地価公示地点のなかで，第
1位の上昇率を示しました。

CHAPTER 5　考えてみよう！　将来の地価

■兵庫県■

姫路駅周辺整備による利便性・繁華性の向上［兵庫県姫路市］姫路 5-15　1,500,000円/㎡（25.0%上昇）

　姫路駅周辺では，駅前広場や歩道などが整備され利便性が向上し，姫路城を中心とした観光による賑わいの高まりもあいまって，店舗・ホテル等の需要が強く，地価が上昇しています。

　平成31年地価公示では，地方の商業地の地価公示地点のなかで，第7位の上昇率を示しました。

 震災や災害の影響って？

 　地震や大雨などの災害が土地の価格に影響を及ぼす場合があります。たとえば平成30年は7月に豪雨，9月に北海道胆振東部地震がありました。平成31年地価公示の公表の際にも，これらの災害による地価公示価格に対する影響の程度を取り上げています。

◆平成30年7月豪雨

　2018（平成30）年6月28日から7月8日にかけて西日本を中心に北海道や中部地方を含む全国的に広い範囲で，台風7号および梅雨前線等の影響による集中豪雨が発生しました。

　被害は，死者224人，行方不明者8人，負傷者459人，住家の全壊6,758棟，半壊10,878棟，一部破損3,917棟，床上浸水8,567棟，床下浸水21,913棟など，規模の大きな災害となりました。

　この平成30年7月豪雨により，浸水や土砂災害等の被害が生じた地域において不動産に対する需要が減退し，被災地における平成31年地価公示価格は前年よりも大きく下落している地点が見られました。

　被害の大きかった倉敷市真備町における平成30年地価公示では約1％程度の下落傾向でしたが，平成31年地価公示では豪雨の被害を受け，前年比約17％の下落率を示しています（前ページの図参照）。しかし，これは一時的な地価の下落であって，今後復興が進むことによって下落の幅は徐々に改善されるものと思われます。

110

CHAPTER 5 考えてみよう！ 将来の地価

■被災地と地価公示■

都道府県	市区町村等	地点		変動率（%）		H31価格
				H30	H31	（円／㎡）
岡山県	倉敷市真備町	倉敷-50	（住宅地）	▲0.7	▲17.4	33,600
		倉敷-51	（住宅地）	▲0.9	▲17.4	27,000
		倉敷-59	（住宅地）	▲1.0	▲17.7	24,700
	総社市下原	総社-12	（住宅地）	▲1.7	▲13.6	15,200
広島県	坂町小屋浦	坂-3	（住宅地）	0.0	▲14.0	58.400
	呉市天応四条	呉-9	（住宅地）	0.0	▲14.0	46,200
	呉市安浦町	呉5-13	（商業地）	▲4.0	▲11.0	47,500
愛媛県	大洲市	大洲-2	（住宅地）	▲3.0	▲5.4	40,400
		大洲5-3	（商業地）	▲2.6	▲4.3	60,600
	宇和島市	宇和島-6	（住宅地）	▲2.5	▲4.3	22,200
		宇和島5-3	（商業地）	▲3.2	▲4.2	41,000

（出典）国土交通省ホームページ　平成31年地価公示

◆ 平成30年北海道胆振東部地震

2018（平成30）年9月6日に，北海道胆振地方中東部を震源としてM6.7の地震が発生しました。震源の深さは37km，最大震度は7でした。

被害は，死者42人，負傷者762人，住家の全壊462棟，半壊1,570棟，一部破損12,600棟など，北海道ではこれまで経験したことのない大きな地震でした。

この北海道胆振東部地震により液状化や道路陥没，土砂災害等の被害が生じた地域において，不動産に対する需要が減退し，平成31年地価公示価格では下落している地点が見られました。

被害の大きかった厚真町では，4〜5％に下落の幅を拡大させています

111

が，平成30年7月豪雨と同様に，復興に応じて今後の下落傾向は改善するものと思われます。

都道府県	市区町村等	地点		変動率（%）		H31価格 （円／㎡）
				H30	H31	
北海道	札幌市清田区	清田-4	（住宅地）	0.0	▲1.0	30,700
		清田-13	（住宅地）	1.0	▲1.0	38,100
		清田-14	（住宅地）	1.3	▲0.8	48,000
		清田5-4	（商業地）	0.0	▲1.9	47,200
	勇払郡厚真町	厚真-1	（住宅地）	▲2.0	▲4.1	7,100
		厚真-2	（住宅地）	▲1.6	▲4.3	8,900
		厚真-3	（住宅地）	▲1.7	▲3.4	5,700
		厚真-4	（住宅地）	0.0	▲5.7	3,300
		厚真-5	（住宅地）	0.0	▲2.4	6,200
		厚真-6	（住宅地）	▲2.0	▲4.0	480
		厚真5-1	（商業地）	▲2.5	▲4.4	15,100

（出典）国土交通省ホームページ　平成31年地価公示

◆地価公示における災害等の影響

　一般的に不動産の鑑定評価において洪水などの災害リスクが考慮されるのは，不動産市場において土地の取引価格や賃料に影響が出ている場合です。鑑定評価ではこれらの影響を分析することによって鑑定評価額に反映しています。

　具体的には，鑑定評価の方式としましては，取引事例比較法と収益還元法では以下のとおりに考慮されます。

取引事例比較法	同じ様な災害リスクが認識されている地域における土地の取引事例を採用することによって，鑑定評価額に反映されます。
収益還元法	同じ様な災害リスクが認識されている地域における賃料を採用することによって，鑑定評価額に反映されます。また，災害リスクが利回りに影響を与えていると認められる場合には，還元利回りに災害リスクを上乗せさせることによって鑑定評価額に反映されます。

　以上のように，洪水などの災害リスクは，鑑定評価に反映されますので，地価公示の評価についても同様に，災害リスクは反映されています。

 地価予測は可能か？

 　将来の地価を予測する試みは民間企業やシンクタンクなどではいろいろな切り口から試行されています。しかし，思い通りの結果になっていないのが現状です。公的な機関では，精度の問題と社会的な影響が大きいという理由から，将来の地価を予測し公表することを原則的に控えています。

　地価公示の公表も1月1日時点の地価の状況についての説明をすることに留め，将来の動向についてはまったく触れていません。つまり，将来の地価予測は，地価公示のデータ等を活用するなどして独自に推計するしかありません。

◆日本銀行の「生活意識に関するアンケート調査」

　公的機関で将来の地価について唯一触れているのは，日本銀行が政策・業務運営の参考とするために，全国の満20歳以上の個人を対象に実施している「生活意識に関するアンケート調査」です。

　3カ月ごとに「先行きの地価動向に対する見方」のDI調査を行い，あくまでもアンケート調査による地価動向の先行きについて触れています。

CHAPTER 5　考えてみよう！　将来の地価

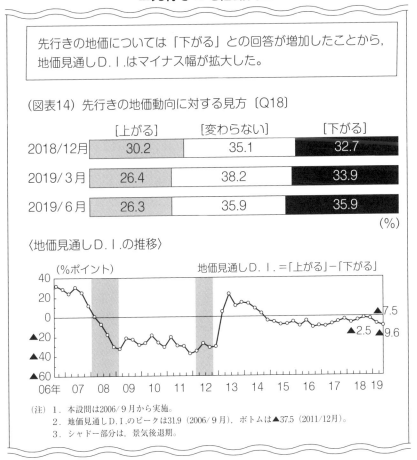

(出典) 日本銀行「生活意識に関するアンケート調査(第78回〈2019年6月調査〉)」より

◆国交省の「不動産価格指数」

　過去のトレンドの延長として将来の地価を占うという意味においては，地価公示を所管する国土交通省が発表している「不動産価格指数」が四半期ごとの不動産価格の動向を公表しているので参考になります。

115

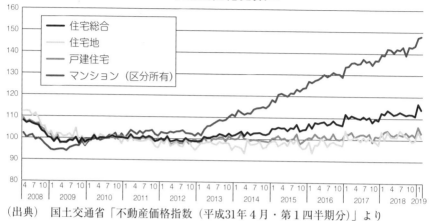

(出典) 国土交通省「不動産価格指数（平成31年4月・第1四半期分）」より

　全国という大きな視点での地価の動向を把握して，今後の地価動向を推定するには，このグラフを参考にすることが有効です。

◆国交省の「地価LOOKレポート」

　また，エリアごとに過去のトレンドから将来の地価動向を予測するとすれば，71ページで紹介した国土交通省が発表している「主要都市の高度利用地地価動向報告　～地価LOOKレポート」が参考になります。これは先行的な地価動向を示すものとして，四半期（1月1日，4月1日，7月1日，10月1日）ごとの変動率（9区分の矢印）で表示しています。

　この地価動向の傾向を参考にすれば，近い将来の地価動向を過去のトレンドから推定することは可能です。

　しかし，ここで紹介したのは，いずれも過去の推移を延長させることによる推定であって，予期せぬ急激な地価変動には対応できないことに留意する必要があります。

CHAPTER 5　考えてみよう！　将来の地価

▨地区ごとの総合評価（変動率）推移▨

都道府県	都市名	行政区	区分	地区	圏域	H30.4/1~H30.7/1 総合評価	H30.7/1~H30.10/1 総合評価	H30.10/1~H31.1/1 総合評価	H31.1/1~H31.4/1 総合評価	都道府県	都市名	行政区	区分	地区	圏域	H30.4/1~H30.7/1 総合評価	H30.7/1~H30.10/1 総合評価	H30.10/1~H31.1/1 総合評価	H31.1/1~H31.4/1 総合評価
北海道	札幌市	中央区	住宅	宮の森	地方	↗	↗	↗	↗		区部	港区	商業	虎ノ門		東京	↗	↗	↗	↗
北海道	札幌市	中央区	商業	駅前通	地方	↗	↗	↗	↗		区部	新宿区	商業	新宿三丁目		東京	↗	↗	↗	↗
岩手県	盛岡市		商業	盛岡駅周辺	地方	↗	↗	↗	↗		区部	新宿区	商業	歌舞伎町		東京	↗	↗	↗	↗
宮城県	仙台市	青葉区	住宅	錦町	地方	↗	↗	↗	↗		区部	渋谷区	商業	渋谷		東京	↗	↗	↗	↗
宮城県	仙台市	青葉区	商業	中央1丁目	地方	↗	↗	↗	↗		区部	渋谷区	商業	表参道		東京	↗	↗	↗	↗
福島県	郡山市		商業	郡山駅周辺	地方	↗	↗	↗	↗		区部	豊島区	商業	池袋東口		東京	↗	↗	↗	↗
埼玉県	さいたま市	中央区	住宅	新都心	東京	↗	↗	↗	↗	東京都	区部	台東区	商業	上野		東京	↗	⇒	↗	↗
埼玉県	さいたま市	大宮区	商業	大宮駅西口	東京	↗	↗	↗	↗		区部	品川区	住宅	品川		東京	↗	↗	↗	↗
埼玉県	さいたま市	浦和区	商業	浦和駅周辺	東京	↗	↗	↗	↗		区部	港区	商業	品川駅東口周辺		東京	↗	↗	↗	↗
埼玉県	所沢市		商業	所沢駅周辺	東京	↗	↗	↗	↗		区部	江東区	住宅	豊洲		東京	↗	↗	↗	↗
千葉県	千葉市		商業	千葉駅前	東京	↗	↗	↗	↗		区部	江東区	住宅	有明		東京	↗	↗	↗	↗
千葉県	千葉市	美浜区	商業	海浜幕張	東京	↗	↗	↗	↗		区部	江東区	商業	青海・台場		東京	↗	↗	↗	↗
千葉県	浦安市		住宅	新浦安	東京	↗	↗	↗	↗		区部	世田谷区	住宅	二子玉川		東京	↗	↗	↗	↗
千葉県	船橋市		商業	船橋駅周辺	東京	↗	↗	↗	↗		区部	中野区	商業	中野駅周辺		東京	↗	↗	↗	↗
千葉県	柏市		住宅	柏の葉	東京	↗	↗	↗	↗		多摩	武蔵野市		住宅	吉祥寺	東京	↗	↗	↗	↗
	区部	千代田区	住宅	番町	東京	↗	↗	↗	↗		多摩	立川市		住宅	立川	東京	⇒	⇒	↗	↗
	区部	千代田区	商業	丸の内	東京	↗	↗	↗	↗		多摩	立川市		商業	立川	東京	↗	↗	↗	↗
	区部	千代田区	商業	有楽町・日比谷	東京	↗	↗	↗	↗		横浜市	西区	商業	横浜西口		東京	↗	↗	↗	↗
	区部	中央区	住宅	佃・月島	東京	↗	↗	↗	↗		横浜市	西区	商業	みなとみらい		東京	↗	⇒	⇒	↗
東京都	区部	中央区	商業	銀座中央	東京	↗	⇒	⇒	↗		横浜市	西区	商業	元町		東京	↗	⇒	⇒	↗
	区部	中央区	商業	八重洲	東京	↗	↗	↗	↗	神奈川県	横浜市	都筑区	住宅	都筑区センター南		東京	↗	↗	↗	↗
	区部	中央区	商業	日本橋	東京	↗	↗	↗	↗		川崎市	川崎区	商業	川崎駅東口		東京	↗	↗	↗	↗
	区部	港区	住宅	南青山	東京	↗	↗	↗	↗		川崎市	中原区	住宅	武蔵小杉		東京	↗	↗	↗	↗
	区部	港区	商業	六本木	東京	↗	↗	↗	↗		川崎市	麻生区	住宅	新百合ヶ丘		東京	↗	↗	↗	↗
	区部	港区	商業	赤坂	東京	↗	↗	↗	↗	長野県	長野市		商業	長野駅前		地方	⇒	⇒	↗	↗

（出典）　国土交通省「主要都市の高度利用地地価動向報告～地価LOOKレポート」第46回令和元年第1四半期（平成31年1月1日～平成31年4月1日）の動向より

 地価公示の未来って？

A　近年，わが国でも「働き方改革」が進展しています。それを受けて，不動産に対する我々の価値観も少しずつ変わろうとしています。今後は地価公示も，これからの「不動産のあり方」に寄り添った進化をさせていかなければいけません。

◆働き方改革

　わが国は高齢化と少子化の傾向から，今後，人口の減少が急速に進行することが見込まれています。したがって，労働者人口を確保することが喫緊の課題となり，労働生産性を改善させることが重要視されています。そのような背景から「働き方改革」に焦点があたっているわけです。

　「働き方改革」として一番インパクトが強いのが，テレワークなどを代表とする働く場所の自由化です。働く場所を自由に選べれば，通勤の時間的あるいは心理的ストレスから解放され，労働生産性を改善させることができます。通信技術の進化した現在にあっては，これを実現させることは，それほどハードルの高い課題ではありません。

　通勤から解放されるとなると，住む場所（マイホーム）の選択も変化します。これまでは，最寄り駅から近く，都心への接近性に優れた利便性の良い地域が好んで選ばれていました。つまり，土地の価格も当たり前のように通勤に便利な所ほど高くなる傾向を示していました。しかし，「働き方改革」の進展に伴って通勤から解放されるのであれば，不動産に対する価値観は大きく変化すると考えられます。

CHAPTER5 考えてみよう！ 将来の地価

◆ 不動産のあり方

　地価公示制度は，今から50年前，人口が増加し，道路などのインフラや住宅を造り続けていた時代に誕生しました。つまり，地価公示は，収益性と利便性を最優先にする価値観により判定された指標であるといっても過言ではありません。なぜなら，大多数の国民は経済が発展することが幸せであるとの価値観を持っており，われわれ国民と不動産の関係（不動産のあり方）は，その価値観をベースとして成り立っているからです。

　それでは，今後の「不動産のあり方」はどうなるのでしょうか。

　つまり，「働き方改革」によって，住む場所（マイホーム）に関しての考え方を変えた国民の価値観は，不動産とどのように関わり合っていくのでしょうか。例えば，住む場所（マイホーム）について，自然環境などの住み心地の良さを最優先に考える人もいるし，逆に都会の賑やかさを最優先に考える人もいます。また，平日用と休日用の2つの家を持つ人もいるかもしれません。このように，不動産に対するわれわれの持つ価値観や期待感，つまり「不動産のあり方」は，今よりも多様性を持つように変化していくように思われます。

　そうすると，「不動産のあり方」が変化していくのを背景にして，地価公示の未来はどうなるのでしょうか。

◆ 地価公示の未来

　そもそも地価公示は誰のためのものなのでしょうか？

　その答えは地価公示法の第1条に記載されています。地価公示の目的とは，「正常な価格を公示することにより，一般の土地の取引価格に対して指標を与え，及び公共の利益となる事業の用に供する土地に対する適正な補償金の額の算定等に資し，もつて適正な地価の形成に寄与すること」としています。

119

このように，地価公示は国民のために適正な地価の形成に寄与すること
を目指しています。つまり，地価公示は国民のためのものです。そう考え
ると地価公示の未来は，基本的な所では今とそれほど大きく変わることは
ないと思われます。つまり，未来も現在も，地価公示は国民の持つ不動産
（とくに土地）に対する価値観を判断し，その結果を指標として適正に評
価して公表することに尽きるのだと思います。しかし，そのためには，地
価公示は，これからの「不動産のあり方」の変化に寄り添い，自らを柔軟
に進化させ，環境の変化に対応させていかなければいけません。

CHAPTER 5　考えてみよう！　将来の地価

Column

不動の銀座

　最初の地価公示は現在（平成31年：26,000地点）と比較すると小規模な
スタートでした。東京都区部，大阪市，名古屋市及びこれらの周辺地域の
みで，標準地の数は東京地区650地点，大阪地区240地点，名古屋地区80
地点の合計970地点でした。そもそも，不動産鑑定士制度が発足したのが
昭和39年で，地価公示に携わった評価員（不動産鑑定士）は300名程度で
した。

　第1回地価公示における最高価格地点は，銀座5丁目（安藤七宝店付近）
及び新宿駅東口（紀伊國屋書店新宿本店隣），住宅地は千代田区三番町でし
た。銀座は現在でも地価公示価格トップ（平成31年：57,200,000円/㎡）
に輝いていますが，当時は新宿駅東口も銀座と同等の地価であることは大
変驚きです。

▉昭和45年地価公示の最高価格地点▉

	標準地番号	所在	数量	標準価格
商業	中央（商）-1	中央区銀座5丁目	419㎡	2,200,000円/㎡
	新宿（商）-1	新宿区新宿3丁目	352㎡	2,200,000円/㎡
住宅	千代田-1	千代田区三番町	1,021㎡	175,000円/㎡

　昭和45年3月から大阪万博が開催され，高度経済成長の波にのり，国民
所得は上昇傾向にありました。当時の大卒初任給は39,900円，昭和46年
に発売された日清カップヌードルの定価が100円といった時代でした。現
在の大学初任給が206,700円，カップヌードルが180円（定価）であるこ
とと比較して，銀座の地価は26倍にもなっていますから，銀座の不動産市
況がいかにダイナミックに変動しているかがよく分かります。

巻末付録　地価公示に関する用語集

あ行

委嘱	国土交通省の土地鑑定委員会が不動産鑑定士に地価公示の鑑定評価員として評価を依頼すること
一般的要因	一般経済社会における不動産のあり方及びその価格の水準に影響を与える要因
大阪圏	近畿圏整備法による既成都市区域及び近郊整備区域を含む市町村の区域

か行

開発法	原価法・取引事例比較法・収益還元法の考え方を活用した更地の鑑定評価手法の一つ
価格形成要因	不動産の価格を形成する要因で，一般的要因，地域要因，個別的要因に分けられる
価格時点 （価格判定の基準日）	価格形成要因は，時の経過により変動するものであり，不動産の価格はその判定の基準となった日においてのみ妥当するものなので，不動産の鑑定評価を行うに当たっては，不動産の価格の判定の基準日を確定する必要がある。この日を価格時点という
確認資料	鑑定評価を行う際に，不動産の物的確認及び権利の態様の確認に必要な資料
還元利回り	収益還元法の適用において，純収益から対象不動産の価格を直接求める際に使用される率
鑑定評価員	地価公示の鑑定評価を担当する不動産鑑定士
鑑定評価基準	不動産鑑定士が不動産の鑑定評価を行う際に拠り所とする，国土交通省が定めた統一的な基準。これに違反して鑑定評価を行った不動産鑑定士は不当鑑定として処分の対象となる
規準価格	鑑定評価を行うにあたって，地価公示価格と比較した場合の評価対象不動産の価格
基準地価格	都道府県地価調査で公表される，毎年7月1日時点の地価
競売評価人	民事執行法に基づいて，競売物件の売却基準価額を評価する人。不動産の鑑定評価に関する専門的な知識・経験を有する者の中から執行裁判所が選任する

近隣商業地域	都市計画法の地域区分の一つで，近隣の住宅地の住民に対する日用品の供給を行うことを主たる内容とする商業その他の業務の利便を増進するための地域
近隣地域	対象不動産の属する用途的地域であって，より大きな規模と内容とを持つ地域である都市あるいは農村等の内部にあって，居住，商業活動，工業生産活動等，人の生活と活動とに関して，ある特定の用途に供されることを中心として地域的にまとまりを示している地域
原価法	鑑定評価手法の一つで，価格時点における対象不動産の再調達原価について減価修正を行って対象不動産の試算価格を求める手法
建蔽率	建物の建築面積の敷地面積に対する割合
工業専用地域	都市計画法の地域区分の一つで，工業の利便を増進するための地域
工業地	市街化区域内並びにその他の都市計画区域内の工業地域，工業専用地域及び準工業地域並びに市街化調整区域並びに都市計画区域外の公示区域内において，工場等の敷地の用に供されている土地
工業地域	都市計画法の地域区分の一つで，主として工業の利便を増進するための地域
公共用地の取得に伴う損失補償基準	損失補償制度は国家補償の制度の一つとして位置づけられ，公共事業が行われる特定人の財産に直接的に加えられた特別の犠牲を補填する仕組み
公示価格	地価公示で公表する別称価格。地価公示価格，公示地価と同じ。
公租公課	国や地方公共団体に納める負担の総称。地価公示では固定資産税と都市計画税をさす
高度地区	都市計画法の地域区分の一つで，用途地域内において市街地の環境を維持し，又は土地利用の増進を図るため，市町村が都市計画において建築物の高さの最高限度又は最低限度を定める地区
高度利用地区	都市計画法の地域区分の一つで，用途地域内の市街地における土地の合理的かつ健全な高度利用と都市機能の更新とを図るため，市町村が都市計画において容積率の最高限度と最低限度，建蔽率の最高限度，建築物の建築面積の最低限度及び壁面の位置の制限を定める地区で，市街地再開発事業を行う地区
国土利用計画法	重要な資源である国土を，総合的かつ計画的に利用するために必要とされる規定をおく昭和49年に制定された法律
固定資産税評価額	固定資産税を賦課するための基準となる評価額。宅地の場合，公示価格の7割水準
個別的要因	不動産に個別性を生じさせ，その価格を個別的に形成する要因
個別分析	対象不動産の個別的要因が対象不動産の利用形態と価格形成についてどのような影響力を持っているかを分析してその最有効使用を判定すること

さ行

再調達原価	対象不動産を価格時点において新たに再調達することを想定した場合において必要とされる適正な原価
最有効使用	不動産のもつ効用（潜在的なポテンシャル）が最高に発揮される可能性が一番高い使用方法。不動産の価格はこの最有効使用を前提として把握される価格を標準として決定される
更地	土地のみの状態で，使用収益を制約する権利（借地権等）のない不動産
更地として	土地に建物がある場合や地上権その他当該土地の使用収益を制限する権利が付着している場合には，存しないものとして評価すること
三大都市圏	東京圏，大阪圏，名古屋圏
試算価格	鑑定評価の手法（原価法，取引事例比較法，収益還元法など）の適用により求められた価格
事情補正	取引事例等に係る取引等が特殊な事情を含み，これが当該取引事例等に係る価格等に影響を及ぼしているときは適切に補正すること
時点修正	取引事例等に係る取引等の時点が価格時点と異なることにより，その間に価格水準に変動があると認められる場合には，当該取引事例等の価格等を価格時点の価格等に修正すること
借地権	借地借家法に基づく借地権で，建物所有を目的とする地上権または賃借権
収益価格	収益還元法による試算価格
収益還元法	対象不動産が将来生み出すであろうと期待される純収益の現在価値の総和を求めることにより，対象不動産の試算価格を求める手法。収益価格を求める方法には，「直接還元法」と「DCF法」がある
住宅地	市街化区域内の第一種低層住居専用地域，第二種低層住居専用地域，第一種中高層住居専用地域，第二種中高層住居専用地域，第一種住居地域，第二種住居地域，準住居地域，田園住居地域及び準工業地域並びに市街化調整区域並びにその他の都市計画区域内並びに都市計画区域外の公示区域内において，居住用の建物の敷地の用に供されている土地
種別及び類型	不動産は他の不動産とともに用途的に同質性を持つ一定の地域を形成する（住宅地域，商業地域など）。このような用途的観点から区分される分類が「種別」。また，不動産がどのような形で形成されているかということを有形的利用及び権利関係の態様という2面からの分類が「類型」
準工業地域	都市計画法の地域区分の一つで，主として環境の悪化をもたらすおそれのない工業の利便を増進するための地域

純収益	不動産に帰属する適正な収益。収益目的のために用いられている不動産とこれに関与する資本，労働及び経営（組織）の諸要素の結合によって生ずる総収益から，資本，労働及び経営（組織）の総収益に対する貢献度に応じた分配分を控除した残余の部分
準住居地域	都市計画法の地域区分の一つで，道路の沿道として（ロードサイド）の地域の特性にふさわしい業務の利便の増進を図りつつ，これと調和した住居の環境を保護するための地域
商業地	市街化区域内の準住居地域，近隣商業地域，商業地域及び準工業地域並びに市街化調整区域並びにその他の都市計画区域内並びに都市計画区域外の公示区域内において，商業用の建物の敷地の用に供されている土地
商業地域	都市計画法の地域区分の一つで，百貨店・専門店・飲食店・事務所・料理店・劇場・映画館などの各種の商業業務施設が集まる都心などの商業業務の利便を増進するための地域
事例資料	鑑定評価の手法の適用に必要とされる現実の取引価格，賃料等に関する資料
正常価格	市場性を有する不動産について，現実の社会経済情勢の下で合理的と考えられる条件を満たす市場で形成されるであろう市場価値を表示する適正な価格
積算価格	原価法による試算価格
接道義務	建築物の敷地は，原則として幅員4m以上の道路に2m以上接しなければならない。ただし，地方公共団体の条例により，建築物の用途，規模，敷地の形状等によって，接すべき道路の幅員，接すべき長さ等について制限がある場合がある。また，いわゆる2項道路（みなし道路）の場合には，原則として道路の中心線から2m後退した線が道路境界線とみなされ，後退（セットバック）した部分は建築物の敷地としては利用できない
選定替え	土地利用の変化等の理由から標準地を変更すること
相続税路線価	国税庁が毎年公表する，相続税や贈与税を算定する際の基準となる路線価。公示価格の8割水準
底地	宅地について借地権の付着している場合における当該宅地の所有権

た行

第1種住居地域	都市計画法の地域区分の一つで，住居の環境を保護するための地域
第1種中高層住居専用地域	都市計画法の地域区分の一つで，中高層住宅に係る良好な住居の環境を保護するための地域
第1種低層住居専用地域	都市計画法の地域区分の一つで，低層住宅に係る良好な住居の環境を保護するための地域

第2種住居地域	都市計画法の地域区分の一つで，主として住居の環境を保護するための地域
第2種中高層住居専用地域	都市計画法の地域区分の一つで，主として中高層住宅に係る良好な住居の環境を保護するための地域
第2種低層住居専用地域	都市計画法の地域区分の一つで，主として低層住宅に係る良好な住居の環境を保護するための地域
代表幹事	各都道府県の鑑定評価員の代表者
代表標準地	都道府県地価調査の基準地と同一地点となっている標準地
宅地	宅地地域のうちにある土地
宅地地域	居住，商業活動，工業生産活動等の用に供され，建物・構築物等の敷地の用に供されることが，自然的・社会的・経済的及び行政的観点からみて合理的と判断される地域。住宅地域・商業地域・工業地域等に細分される
宅地見込地	現状は宅地ではないが，将来的には宅地になると見込まれる土地
建付地	建物等の用に供されている敷地で建物等及びその敷地が同一の所有者に属している宅地
地域分析	対象不動産がどのような地域に存するか，その地域はどのような特性を有するか，また，対象不動産に係る市場はどのような特性を有するか，及びこれらの特性はその地域内の不動産の利用形態と価格形成について全般的にどのような影響力を持っているかを分析し判定すること
地域要因	一般的要因の相関結合によって規模，構成の内容，機能等にわたる各地域の特性を形成し，その地域に属する不動産の価格の形成に全般的な影響を与える要因
地価公示法	地価の公示に関する昭和44年に制定された法律
地価調査課	国土交通省土地・建設産業局で地価公示を所管する課。所掌事務は，地価の調査に関すること，国土利用計画法の規定による土地取引の規制及び遊休土地の買取りに関する事務のうち，取引の対価の額及び買取り価格に係るもの，地価の公示に関すること，不動産の鑑定評価に関すること
地価LOOKレポート	国土交通省が，主要都市の地価動向を先行的に表しやすい高度利用地等の地区について，四半期毎に地価動向を把握することにより先行的な地価動向を明らかにするために公表している
地区計画制度	既存の他の都市計画を前提に，ある一定のまとまりを持った一体的な町づくりを行う必要のある地区を対象に，その地区の実情にあったよりきめ細かい規制を行うことを内容とした都市計画の制度
地方	三大都市圏を除く地域

駐車場整備地区	都市計画法の地域区分の一つで，商業地域，近隣商業地域等の地域内で，自動車交通が著しくふくそうする地区又はその周辺地域内の自動車交通が著しくふくそうする地区で，道路の効用保持と円滑な道路交通確保のため必要があると認められ都市計画で定められた地区
直接還元法	収益還元法の一種で，一期間の純収益を還元利回りによって還元する方法
DCF法 （Discounted Cash Flow 法）	収益還元法の一種で，連続する複数の期間に発生する純収益及び復帰価格を，その発生時期に応じて現在価値に割り引き，それぞれを合計する方法
田園住居地域	都市計画法の地域区分の一つで，農業の利便の増進を図りつつ，これと調和した低層住宅に係る良好な住居の環境を保護するため定める地域
同一需給圏	対象不動産と代替性のある不動産が集まり，対象不動産と「どちらにしようか」という選考がはたらくような不動産が集まる地域
東京圏	首都圏整備法による既成市街地及び近郊整備地帯を含む市区町の区域
特別用途地区	都市計画法の地域区分の一つで，用途地域内において特別の目的からする土地利用の増進，環境の保護等を図るため定められる地区
都市計画区域	都市計画法で指定された，自然的・社会的条件，人口，産業，土地利用，交通量等の現況とその推移を考慮して，一体の都市として，総合的に整備し，開発し及び保全する必要のある区域
都市計画法	都市の健全な発展等を目的とする昭和43年に制定された法律
土壌汚染	不動産市場や不動産鑑定評価においては，土壌汚染対策法・条例で定められた有害物質，ダイオキシン類，油（油臭・油膜）による基準値の超過をいい，自然的原因によるものを含む
土地鑑定委員会	地価公示法第12条に基づいて，地価公示や不動産鑑定士試験に関することを所管する国土交通省に設けられた委員会。委員は，不動産の鑑定評価に関する事項又は土地に関する制度について学識経験を有する者のうちから，両議院の同意を得て，国土交通大臣が任命する
土地残余法	更地の収益価格を求めるときに使われる手法
土地収用法	土地収用について定める法律。私有財産は憲法第29条によって厳格に守られているが，一方で第3項では，正当な補償の下にこれを公共のために用いることができるとされており，これに基づく土地等の収用・使用に関する昭和26年に制定された法律
土地総合情報システム	不動産の取引価格，地価公示・都道府県地価調査の価格を検索してご覧になることができる国土交通省のWEBサイト。地価公示の鑑定評価書も公表されている

都道府県地価調査	国土利用計画法による土地取引の規制を適正に実施するために，国土利用計画法施行令第9条に基づいて都道府県知事が毎年7月時点の地価の調査（鑑定評価）を実施するもの
取引事例	不動産市場において実際に成立した売買に関する取引の価格等の具体的な内容
取引事例比較法	多数の取引事例を収集して適切な事例の選択を行い，これらに係る取引価格に必要に応じて事情補正及び時点修正を行い，かつ，地域要因の比較及び個別的要因の比較を行って求められた価格を比較考量し，これによって対象不動産の試算価格を求める手法

な行

名古屋圏	中部圏開発整備法による都市整備区域を含む市町村の区域
日影規制	商業地域・工業地域・工業専用地域以外の用途地域の全部又は一部で，地方公共団体の条例で指定する区域内にある一定の建築物は，冬至日の真太陽時の午前8時から午後4時北海道においては午前9時から午後3時）までの間において，一定の平均地盤面の高さの水平面に，2種類の敷地境界線からの距離（5m超10m以内及び10m超）に応じて定められた日影時間の限度以上に，敷地境界線を超えて日陰を落としてはならないという制限
日本不動産鑑定士協会連合会	不動産鑑定士で組織する有資格者団体であり，不動産鑑定士の品位の保持及び資質の向上並びに不動産鑑定評価制度の発展，土地等の適正な価格の形成に寄与することを目的とする公益法人。各都道府県ごとに不動産鑑定士協会を団体会員として構成
農地	農地地域のうちにある土地
農地地域	農業生産活動のうち，耕作の用に供されることが自然的・社会的・経済的及び行政的観点からみて合理的と判断される地域

は行

比準価格	取引事例比較法による試算価格
評価条件	鑑定評価を行うにあたっての前提となる条件。対象不動産の確定に当たって必要となる条件（対象確定条件）と調査の範囲に係る条件（調査範囲等条件）がある
標準価格	近隣地域において最も普遍的な地価形成要因を具備し，地価水準の指標となる標準的画地の価格
標準的使用	近隣地域における土地の標準的な活用方法

標準地	地価公示の地点の呼び名。平成31年地価公示では全国に26,000地点の標準地を設定している。
標準地の安定性	標準地の選定にあたっては，標準地設定区域内における安定した土地の利用状況に配慮したものであること。また，土地の利用状況が移行している地域内にある場合にあっては，そのような変化に十分に配慮したものであることが必要であるというルール
標準地の確定性	標準地の選定にあたっては，明確に他の土地と区別され，範囲が特定できるものであること。また，選定する標準地の特性を踏まえ，範囲の特定する方法を広く考慮することで，範囲の特定が容易な地点に偏ることがないように配慮することが必要であるというルール
標準地の代表性	標準地の選定にあたっては，市町村の区域内において，適切に分布し，当該区域全体の地価水準をできる限り代表しうるものであることが必要であるというルール
標準地の中庸性	標準地の選定にあたっては，当該標準地設定区域内において土地の利用状況，環境，地積，形状等が中庸のものであることが必要であるというルール
不動産鑑定士	不動産の鑑定評価に関する法律に基づいて制定された国家資格。不動産の価値に関する高度専門家であり，鑑定評価はもとより，それを基礎として土地の有効利用などに関してのコンサルティング業務なども行っている。
不動産の鑑定評価	不動産は他の財産と異なり自由競争が期待できる市場（マーケット）を持つことが困難であるため，適正な価格がいかなるものか，一般の方には非常にわかりにくいので，不動産鑑定士がその自由市場になり代わり，専門知識と豊富な経験をもとに皆様の大切な財産である不動産の適正な価格を判定して，社会に貢献すること
不動産の鑑定評価に関する法律	昭和38年に制定された，不動産の鑑定評価に関し，不動産鑑定士等の資格及び不動産鑑定業について必要な事項を定め，もつて土地等の適正な価格の形成に資することを目的とする法律
風致地区	都市計画法の地域区分の一つで，都市における自然の風致を維持するため定める地区
分科会	地価公示の作業にあたって，都道府県ごとの区域または都道府県を２以上に区分した地域として設置したもの
分科会幹事	分科会ごとの鑑定評価員の代表者
平均価格	標準地ごとの１平方メートル当たりの価格の合計を当該標準地数で除して求めたもの
平均変動率	前年から継続している標準地（継続標準地）ごとの価格の対前年変動率の合計を当該標準地数で除して求めたもの
防火地域，準防火地域	市街地における火災の危険を防除するため定める地域で，建築物を耐火建築物・準耐火建築物・その他の建築物に区分し，防火のため建築物の階数と規模に応じて制限が加えられる

巻末付録

ま行

見込地	宅地地域，農地地域，林地地域等の相互間において，ある種別の地域から他の種別の地域へと転換しつつある地域のうちにある土地。宅地見込地，農地見込地等に分けられる

や行

要因資料	価格形成要因に照応する資料。一般資料，地域資料，個別資料に分けられる
容積率	建物の各階の床面積の合計の敷地面積に対する割合。都市計画で定められた容積率を「指定容積率」といい，前面道路の幅員などを勘案して算出した容積率を「基準容積率」という
用途地域	都市計画法の地域区分の一つで，用途の混在を防ぐことを目的としている。住居，商業，工業など市街地の大枠としての土地利用を定めるもので，第一種低層住居専用地域など13種類がある

ら行

林地	林地地域のうちにある土地
林地地域	林業生産活動のうち木竹又は特用林産物の生育の用に供されることが，自然的，社会的，経済的及び行政的観点からみて合理的と判断される地域
類似地域	近隣地域と類似する特性を有する地域で，近隣地域の周辺にある地域

わ行

割引率	DCF法の適用などにおいて，ある将来時点の収益を現在時点の価値に割り戻す際に使用される率

[編者紹介]

■公益社団法人　日本不動産鑑定士協会連合会広報委員会
（2017年7月〜2019年6月）

委　員　長	：伊藤　裕幸			
副 委 員 長	：大楠　由美子		森脇　英正	
委　　　員	：小山田　圭佑		北谷　奈穂子	
	小林　一三		鈴木　良子	
	千田　幸紀		内藤　進	
	中島　寛和		村井　秀樹	
	山岸　範之		山本　寛士	
外部専門委員	：安部　康広		小坂　洋平	
担 当 副 会 長	：福田　勝法			

■一般社団法人　九州・沖縄不動産鑑定士協会連合会　広報委員会

Q&Aでわかる

地価公示の見方・活かし方

2019年11月10日　第1版第1刷発行

公益社団法人
編　者　日本不動産鑑定士
　　　　協　会　連　合　会
発行者　山　本　　　継
発行所　㈱中央経済社
発売元　㈱中央経済グループ
　　　　パ ブ リ ッ シ ン グ

〒101-0051　東京都千代田区神田神保町1-31-2
電話　03 (3293) 3371 (編集代表)
03 (3293) 3381 (営業代表)
http://www.chuokeizai.co.jp/
印刷／三 英 印 刷 ㈱
製本／㈲ 井 上 製 本 所

© 2019
Printed in Japan

＊頁の「欠落」や「順序違い」などがありましたらお取り替えいた
しますので発売元までご送付ください。（送料小社負担）

ISBN978-4-502-32131-3　C3034

JCOPY〈出版者著作権管理機構委託出版物〉本書を無断で複写複製（コピー）することは，
著作権法上の例外を除き，禁じられています。本書をコピーされる場合は事前に出版者著
作権管理機構（JCOPY）の許諾を受けてください。
　JCOPY〈http://www.jcopy.or.jp　e メール：info@jcopy.or.jp〉